On voit bien que vous
n'y connaissez rien !

Éditions Eyrolles
61, bd Saint-Germain
75240 Paris Cedex 05
www.editions-eyrolles.com
info@eyrolles.com

*Conseil et agent littéraire des auteurs : Isabelle Martin-Bouisset
(www.imb-conseil.fr).*

© Éditions Eyrolles, 2021
ISBN : 978-2-416-00068-3

Sébastien de Lafond avec Gilles Lockhart

On voit bien que vous n'y connaissez rien !

Les secrets d'une start-up qui a renversé son marché – L'aventure Meilleurs Agents

Éditions
EYROLLES

« Que la force me soit donnée de supporter ce qui ne
peut être changé ; et le courage de changer ce qui peut
l'être ; mais aussi la sagesse de distinguer l'un de l'autre. »

Marc-Aurèle

Sommaire

C'est l'histoire d'un énorme *disconnect*, d'un décalage, d'une erreur, d'un succès auquel pas grand monde ne croyait. Ils ont voulu disrupter l'immobilier. « Disrupter l'immobilier ? Mais vous ne savez pas de quoi vous parlez ! »

À première vue, c'était mission impossible. L'immobilier est un secteur… immobile, rétif au changement, compliqué à digitaliser. Aujourd'hui, toutes les variantes du numérique s'y attaquent, de la conception des bâtiments jusqu'aux technologies de confort d'habitation, mais en 2008, c'était autre chose.

Il a fallu une première vision de la part d'un créateur d'entreprise qui cherchait à acheter un appartement pour lui et sa famille. Choqué par l'opacité du marché, il a voulu lui apporter de la transparence et de la fluidité. Au même moment, un jeune ingénieur hors pair commençait à exploiter les nouvelles possibilités offertes par Google sur un site immobilier « home made » hyper super astucieux. Les deux se sont trouvés, se sont entendus, ont formé un quatuor d'associés avec deux autres innovateurs acharnés de boulot dans leur genre.

Comme dans la fable de La Fontaine avec le Rat et le Lion, les fondateurs de Meilleurs Agents ont croqué une première maille du filet grâce à leur levée de fonds riquiqui de 700 000 euros et sont parvenus à faire ébranler ce gros paquet de 200 milliards d'euros que représente le secteur de l'immobilier.

En douze ans d'existence, Meilleurs Agents a essuyé deux crises immobilières, changé de business model plusieurs fois, contré maintes attaques de dirigeants corporatistes cherchant à les couler et résisté à tous les pirates de l'immobilier qui rêvaient d'avoir leur peau. Des quelques start-up similaires qui ont voulu rapprocher vendeurs, acheteurs et professionnels à la même époque, ils sont parmi les seuls à avoir survécu et surtout connu un tel succès. 300 salariés aujourd'hui, leader incontestable de l'estimation des prix de l'immobilier, plateforme transactionnelle en passe de devenir internationale au sein du groupe Axel Springer qui a racheté la pépite en 2019.

Dans une vision darwinienne de ce monde imprévisible, Meilleurs Agents fait partie de ceux qui s'adaptent et qui anticipent le mieux les changements. Aujourd'hui leur histoire les rend crédibles – et peut-être même excitants – et avant tout extrêmement concrets pour partager les bons coups, les bonnes recettes : comment choisir ses investisseurs ; comment transformer une idée de départ en chiffre d'affaires ; comment bâtir une avance concurrentielle sur la R&D ; comment rester soudés, bienveillants, unis, amis, valoriser les talents, mettre sous le boisseau les querelles d'ego, traverser les tempêtes (et les fêtes aussi, à l'occasion…).

Comment secouer le cocotier d'une industrie qui s'endort. Ici, l'exemple de l'immobilier, mais dans n'importe quel autre secteur cette énergie, ces convictions auraient fait, et feraient, l'affaire.

Tel un remorqueur de haute mer qui essuie une houle forte et des creux vertigineux, mais qui reste droit sur son cap, toute l'histoire de Meilleurs Agents peut être revisitée sous l'angle de la résilience. C'est aussi la saga d'une start-up imprégnée de valeurs précises : l'entraide, la bien-veillance, la quête de l'excellence. Des valeurs qui veulent qu'au final les « dauphins », les bienveillants, les collectifs, les intelligents, l'emportent sur les « requins ». Ce livre est l'histoire d'une start-up dont la culture d'entreprise n'a pas dévié depuis le début, ce qui est peut-être sa plus grande force.

Ils ont lancé un coup de pied dans la fourmilière et beau-coup de gens n'ont pas aimé ce qu'ils proposaient. Mais nombreux sont ceux aussi qui, dans le business, sont venus prêter main-forte pour les aider à mettre en place un modèle vertueux. Et petit à petit, les astres se sont alignés autour de ce nouveau venu qui a disrupté le marché bien au-delà de ce qui apparaît aujourd'hui à la surface émer-gée de l'iceberg.

Ce livre raconte l'histoire d'une aventure entrepreneu-riale très novatrice et loin d'être terminée. À tous les entrepreneurs et les dirigeants qui doivent s'armer d'un certain nombre de réflexes, il donne les enseignements essentiels pour faire la course en tête.

Chapitre 1

Trouver la bonne idée et l'équipe qui va avec

Comment choisir ses associés pour constituer une équipe qui va tenir dans la durée

Le monde tourne, les innovations se succèdent, les chiens aboient, mais rien n'égalera sans doute jamais, dans le registre de l'appât du gain, d'une certaine forme d'adrénaline, la bonne vieille piqûre de la finance internationale : sommes folles qui défilent sur des écrans qui scintillent, « requins » souriants en costumes de luxe, décalages horaires, avions trois fois par semaine. Le fondateur de Meilleurs Agents a connu cela : Wall Street, la City, le capital-risque, la banque d'affaires, JP Morgan et consorts. À un niveau d'intensité et de quantité de millions de dollars qui n'était peut-être pas celui de Gordon Gekko dans le film d'Oliver Stone, mais d'un calibre respectable. Et en mille fois plus honnête. Pourtant, comme on le dit généralement dans ces cas-là, rien ne le prédisposait à connaître un tel destin. Fils d'officier de marine, Sébastien de Lafond est issu d'une famille dont on trouve la trace dès le XVIe siècle à Sainte-Affrique, dans l'Aveyron, avec des ancêtres protestants du côté paternel, partis en Suisse pour échapper aux persécutions, et un arrière-grand-père revenu en France à la fin du XIXe siècle. Une famille où la parole donnée est sacrée, où l'argent n'est pas une valeur, mais un moyen et où l'on ne parle pas de politique à table. « Je suis le premier catholique depuis quatre cents ans, dit-il, mais j'ai réalisé à 40 ans que, sans être pratiquant, dans ma manière de voir les choses, je suis complètement parpaillot, complètement prot'. » Sympathique et chaleureux au demeurant, quoique pas forcément hyper tactile. Ne reconnaissait-il pas, lors d'une « présentation corporate » qu'il effectuait au siège de Meilleurs Agents, début mars 2020, avant le confinement, et où il était question des gestes barrières, que ces nouvelles normes ne le gênaient pas plus que cela puisqu'il n'avait « jamais été un grand fan du serrage de louche » ?

« Femme de diplomate, jamais ! »

Sa vocation était tracée en tout cas, ce serait la diplomatie, la défense de son pays à la découverte du monde, la rencontre de cultures différentes. Il allait faire Sciences Po et tenter l'ENA, sauf que deux grains de sable sont venus enrayer la mécanique. Pour avoir un diplôme plus monnayable au cas où il raterait l'ENA, son grand-père a recommandé qu'il fasse plutôt HEC. Et, surtout, sa future femme a mis le holà tout de suite : « Femme de diplomate, jamais ! »… Il s'est donc réorienté dans la banque. Il faut parler un peu de cette carrière pour expliquer ce qui suivra, en particulier l'attachement farouche à des valeurs qui seront celles de Meilleurs Agents.

Les débuts se déroulent en coopération à Paribas Luxembourg. Puis, en 1992, Sébastien de Lafond intègre JP Morgan à Paris avant d'être muté à New York l'année suivante, ce qui sera son premier contact avec Wall Street. Deux ans plus tard, travaillant de nouveau à Paris, il rencontre Denis Payre et Bernard Liautaud, les fondateurs de Business Objects, deux jeunes trentenaires qui font coter leur société au Nasdaq et qui le fascinent par leur réussite et la coloration technologique de leur entreprise. Et qui lui donnent un avant-goût très prononcé de l'entrepreneuriat. Alors qu'il est lancé sur une trajectoire classique, il plaque JP Morgan pour repartir aux États-Unis rejoindre une bande de fous furieux qui s'appelle Montgomery Securities, banque spécialisée dans les entreprises de technologie et qui venait de conduire une centaine d'introductions au Nasdaq au cours de l'année, un chiffre proprement vertigineux. Son objectif est d'apprendre le métier d'introduction en Bourse et de levée de fonds pour des start-up technologiques afin de pouvoir ensuite monter l'activité de Montgomery Securities pour l'Europe, à Londres. Ce qu'il fait, et qui le rapproche encore plus de l'univers de la création d'entreprises, de la technologie et de l'innovation.

Gérant à Londres juste après la Bulle

À 33 ans, nouveau retournement de situation. Lassé de la mentalité ultra-compétitive des banquiers d'affaires et du rythme de travail effréné, il s'assoit sur une garantie de salaire annuel d'un million de dollars, quitte Montgomery et fonde avec deux autres associés un fonds de capital-risque à Londres nommé Add Partners, qui démarre pied au plancher puisqu'il lève environ 175 millions d'euros en avril-mai 2000, quatre mois après l'explosion de la bulle Internet, pour prendre une vingtaine de participations dans des sociétés européennes de semi-conducteurs, de logiciels d'entreprise, de téléphonie sans fil. Passionné d'innovation et déjà entrepreneur au fond de lui sans se l'avouer complètement, Sébastien de Lafond a nommé son fonds Add Partners pour signifier qu'il souhaitait ajouter des partenaires. Il ne veut pas seulement investir de l'argent, mais accompagner, être aux côtés des entrepreneurs.

Il exerce le métier de gérant de fonds durant sept ans, vend des sociétés dans lesquelles il a investi, à Oracle, à Salesforce, à Microsoft, jusqu'à ce que les choses se gâtent au sein de la petite structure en raison de divergences entre les trois associés. Alors qu'il est sur le point de lever 250 ou 300 millions d'euros pour lancer un deuxième fonds, il préfère quitter Add Partners. « Sauve-toi ! Tu es en train de perdre ton âme ! » lui lance la femme de Bernard Liautaud, dont Sébastien et son épouse sont devenus proches.

« Jeune homme, vous avez mieux à faire ! »

De retour en France, à 40 ans, avec épouse et deux enfants nés à Londres, il envisage de remonter un fonds spécialisé dans le développement durable. Mais c'est la tentation de créer un vrai business, de ne plus passer par le filtre de la finance, de ne plus vivre l'entreprise par procuration, qui l'emporte. Dans son cerveau germe l'idée d'une petite société baptisée sur le papier « Mini-me », dont le but aurait été de fabriquer son alter ego digital et de communiquer ainsi avec les autres. Comme ce sera le cas lors du brainstorming précédant le lancement de Meilleurs Agents, il rencontre énormément de monde pour tester le projet, croise des coachs, teste des psys, investigue du côté des ingénieurs susceptibles de prendre en charge le développement technologique… avant de se rendre compte que l'idée est folle, trop folle. C'est à la suite d'une expérience immobilière personnelle, en cherchant à acheter un appartement à Paris pour y installer sa famille, que va se produire le déclic qui le conduira à trouver la bonne idée pour entreprendre. « Je me suis rendu compte qu'il était compliqué d'obtenir en tant que particulier des informations fiables sur le marché immobilier. Cette expérience m'a laissé sur ma faim », déclare-t-il à la journaliste Laurence Boccara dans un portrait réalisé par *Les Échos* en septembre 2019.

Il effectue plusieurs dizaines de visites pour trouver son appartement, et plus ça va, plus il est étonné, plus il est déçu de ce qu'il découvre sur le marché immobilier parisien. Il n'arrive pas à se faire une idée claire des prix, croise des professionnels aux compétences très variables et comprend qu'il y a quelque chose à faire dans l'immobilier.

La volonté d'apporter de la transparence au marché immobilier et de rapprocher particuliers et professionnels tourne dans la tête de Sébastien de Lafond. La suite de l'histoire passe par une série de rencontres destinées à valider son idée et à trouver des partenaires. Il croise la route de Denis Kibler, alors président du réseau APIA, une association d'entrepreneurs et administrateurs indépendants qui essaie d'améliorer les pratiques de gouvernance. Celui-ci, qui a vendu son entreprise au groupe Schneider, dispose de quelques économies et d'un peu de temps libre. Il raconte qu'un jour il reçoit un e-mail d'un certain Sébastien de Lafond qu'il ne connaissait pas, qui revenait d'Angleterre où il avait été patron d'un fonds d'investissement, qui s'était séparé de ses associés, qui était rentré en France sans projet et qui venait de s'acheter un appartement : « Je rencontre un homme plus jeune que moi, qui avait encore beaucoup de choses à prouver et qui me dit qu'il désire entrer dans cette association où l'on était plutôt entre dirigeants d'un certain âge à la recherche d'une occupation non opérationnelle. En substance, je lui ai répondu : « Écoutez, jeune homme, vous êtes trop jeune pour devenir administrateur indépendant et ne faire que ça, vous avez certainement une autre idée. Vous avez travaillé aux États-Unis dans la banque, dans un fonds d'investissement : on ne fait pas autant de choses sans avoir des projets. » Sébastien de Lafond lui présente son projet de site Internet permettant aux vendeurs et aux acheteurs d'être mis en contact avec des professionnels de l'immobilier compétents. Il veut professionnaliser le milieu des agents immobiliers, et comme c'est un peu ce que Denis Kibler cherche à faire avec APIA pour les administrateurs indépendants, le courant passe. Quand l'ex-financier revient, quelques semaines plus tard, avec des slides et un projet bien ficelé, Denis Kibler propose d'investir dans le futur Meilleurs Agents.

Trahison d'un partenaire

Autre rencontre déterminante, même si elle tournera court : celle avec un autre créateur de start-up qui entend lui aussi « disrupter » l'immobilier français. La collaboration entre Sébastien de Lafond et lui ira presque jusqu'à la signature d'un pacte d'actionnaires et la rupture sera d'autant plus brutale. Pour des raisons personnelles, le partenaire décide au dernier moment de faire cavalier seul. Mais les hypothèses examinées en commun par les deux hommes auront été importantes à plus d'un titre. D'abord, parce que Sébastien de Lafond ne se serait peut-être pas intéressé autant à ce marché de l'immobilier s'il n'avait eu la confirmation *via* cette rencontre qu'il existait une vraie opportunité. Ensuite, le revirement de ce potentiel partenaire s'est transformé en réalité en bonne nouvelle. Il sortait d'une séparation avec Add Partners et une rupture se produisait à nouveau : paradoxalement, cela l'a renforcé dans sa quête. Il persiste à penser qu'il doit trouver des bons associés et que les grandes aventures se construisent à plusieurs.

Avant de rencontrer les futurs cofondateurs de Meilleurs Agents, il faudra encore un intermédiaire. L'un des camarades de promotion de Sébastien de Lafond à HEC, Laurent Halimi, a ouvert une agence immobilière dans le XVIIe arrondissement de Paris et inventé un petit logiciel qui aide les agents immobiliers à obtenir des mandats de vente en leur communiquant des annonces de particuliers saisies, formatées et complétées. L'un des anciens salariés de cette entreprise s'appelle Pascal Boulenger. L'homme qui s'avérera être une carte maîtresse du futur projet est un commercial chevronné qui connaît le monde des agents immobiliers parisiens comme sa poche. Il est le premier à toper avec Sébastien de Lafond pour son projet de création d'entreprise. Durant les premières années, quand l'un de ses grands enjeux sera de se crédibiliser aux yeux du marché, Pascal Boulenger sera le « Monsieur Immobilier » de Meilleurs Agents. Celui qui se mettra en avant pour démontrer que la jeune pousse ne tombe pas du ciel dans l'immobilier. Le « pro » qui connaît les pros. Le premier représentant commercial et quel commercial ! Celui qui sait comment parler aux agents parce qu'il a été l'un d'eux.

RENCONTRE AVEC UN PUR COMMERCIAL

Fils d'un restaurateur parisien ayant débuté comme boucher aux Halles de Paris, Pascal Boulenger a ensuite fait une école hôtelière et obtenu un BTS Restauration avant de reprendre l'un des deux restaurants de son père à Montparnasse. Une expérience vite écourtée, mais qui lui donne le goût d'entreprendre. Il trouve un job dans un hôtel de la banlieue nord qui l'oblige à avoir des horaires très matinaux et, introduit par un ami qui travaille avec Laurent Halimi, va travailler l'après-midi dans l'agence immobilière pour effectuer la saisie des petites annonces. Il se lève à 4 h 30 du matin, bosse à l'hôtel, prend sa voiture, file à Paris, travaille jusqu'à 20 heures à l'agence et rentre chez lui. Pendant un an d'affilée. Comme Laurent Halimi voit qu'il est motivé, il l'embauche comme négociateur. Il l'initie au métier et à la démarche commerciale. Pascal Boulenger travaille pour lui pendant deux ans pour vendre un logiciel de prospection aux agences immobilières. Il part le matin, arpente les rues, tape aux portes et finit par rencontrer à peu près tous les agents immobiliers de Paris par téléphone ou de visu. En 1998, il prend son indépendance. Après avoir rencontré des architectes, il monte l'Européenne de Métré, une société de diagnostics (surface, amiante, termites…) et de métrage qui se positionne notamment pour répondre aux nouvelles obligations induites par la loi de Gilles Carrez. Il la revend trois ans plus tard, ayant au passage un peu inventé le marché puisque l'Européenne de Métré inspirera par la suite de nombreux clones. Il demeure quelques années comme salarié de l'acquéreur (la Financière Duval, un groupe de promoteurs) tout en gardant le contact avec son ancien boss Laurent Halimi. Lequel, un jour, lors d'un déjeuner, lui parle du projet de Sébastien de Lafond.

La première rencontre entre les deux futurs associés commence fraîchement. Pascal Boulenger arrive avec une demi-heure de retard dans un bistrot de la rue des Dames où l'attend un Sébastien de Lafond quelque peu impatienté. Après ce mini couac initial, les deux hommes discutent et Sébastien de Lafond présente son projet. Pascal

Boulenger a envie de remonter une société. L'échange est sympa, le courant passe. Avec la connaissance qu'il a des agents immobiliers, il a l'intuition que l'idée de son interlocuteur est astucieuse, que cela vaut le coup de creuser. En tout cas, les deux hommes apprécient mutuellement leur sérieux. Ils se séparent en convenant d'essayer de monter une équipe plus large, n'ayant ni l'un ni l'autre la compétence pour créer un site Internet. Quelques semaines plus tard, Sébastien de Lafond rappelle Pascal Boulenger. Il veut le revoir pour lui parler de deux partenaires possibles. Il a repéré le site Internet Immoplaza, le premier site en France d'annonces immobilières géolocalisées, créé par un ingénieur informatique de 25 ans, Julien Cheyssial, véritable entrepreneur dans l'âme, déterminé, créatif et ambitieux, doté d'une formidable vision technologique et innovante. Julien Cheyssial s'est associé au sein d'Immoplaza avec un autre ingénieur de son âge, Jordan Sanial. Sébastien de Lafond, Pascal Boulenger, Julien Cheyssial et Jordan Sanial : le quatuor initial est là. Il ne bougera plus. Douze ans plus tard, en septembre 2019, quand dans les majestueux locaux de Clifford Chance, rue d'Astorg à Paris VIIIe, on signera la vente de Meilleurs Agents à Axel Springer, entouré d'avocats d'affaires et de banquiers internationaux, ils seront là tous les quatre. Avec quelques cicatrices et des cheveux blancs en plus. Mais ayant tenu la distance et soulevé des montagnes ensemble. L'équipe de départ de Meilleurs Agents.

Immoplaza ou l'embryon de Meilleurs Agents

Qu'est-ce qui avait plu à Sébastien de Lafond dans Immoplaza ? Il s'agissait d'un site d'annonces immobilières basé sur du mapping innovant, le premier en

France à utiliser un fond de carte Google Maps. Sur le plan du modèle économique, le projet en était à un stade embryonnaire, mais la réalisation technique était superbe. Julien Cheyssial en avait fait une vitrine qui avait plusieurs années d'avance sur la concurrence. Et Jordan Sanial l'avait rejoint pour l'aider à développer le business. Quand Sébastien contacte Julien Cheyssial par e-mail pour lui dire qu'il a un projet à forte coloration technologique dans l'immobilier et lui proposer de le rencontrer, nous sommes alors à l'automne 2007 et le site Immoplaza n'existe que depuis quelques mois. Il a fait l'objet de quelques articles dans la presse en ligne grâce auxquels Sébastien de Lafond l'a repéré. En tout cas, Julien Cheyssial apparaît comme le compère idéal pour rejoindre l'équipe. Son diplôme de Supinfo en poche, il a fait un bref passage chez Microsoft avant de travailler pendant deux ans et demi chez BearingPoint, un cabinet de conseil où il gérait la relation avec Microsoft et avec Google. Comme il s'ennuie un peu dans ce monde ultra corporate de clients grands comptes et qu'il a du talent à revendre, le soir et le week-end, il se met à coder et se retrouve un peu par hasard à créer un site d'annonces immobilières en utilisant les nouvelles technologies mises à disposition par Google. Google Maps avait lancé ses premières API en 2005, outils informatiques permettant aux développeurs de mettre des cartes à l'écran, dont il commence à tirer la substantifique moelle. À l'époque, faire figurer des cartes Google sur les sites Internet était complètement novateur. L'idée de Julien Cheyssial est de mettre au point un site qui permette de rechercher un bien immobilier en faisant appel à des critères géospatiaux comme le fait d'être à moins de vingt minutes de La Défense, à proximité d'une station de métro, d'une crèche ou d'un Monoprix, par exemple. Après une phase initiale en chambre, il programme un contenu qui tient la route et décide de se lancer à plein temps sur le projet. Mais ayant une culture essentiellement technologique, il a besoin d'aide pour la partie business. *Via* un ami commun, il fait la connaissance de Jordan Sanial et lui propose de faire équipe avec lui.

CHAMPION DU MONDE DE ROBOTIQUE

Jordan Sanial est le quatrième larron de la bande des créateurs de Meilleurs Agents. D'origine ardéchoise tant et si bien qu'il en subsiste un peu de couleur dans sa pointe d'accent. Fils et petit-fils d'entrepreneurs, il a littéralement grandi dans la société paternelle de négoce de produits chimiques. Quand il sort du collège, il rejoint son père et s'efforce de se rendre utile. Très tôt, il baigne dans les rouages de l'entreprise, découvre les mécanismes et aime cela. Il fait ses classes à l'école d'ingénieurs INSA Lyon, option génie électrique, devient président du club Robotique, ne va guère en cours car trop occupé à mettre en pratique ses inventions, gère le club comme une entreprise, passe son temps à chercher des sponsors. En 2003, il part au Japon pour disputer la Coupe du monde de Robotique. Le concept est de construire un robot à partir de zéro au sein d'une équipe multiculturelle. Il se retrouve à collaborer avec un Japonais, un Allemand, un Américain du MIT, entre autres, pour concevoir un robot pendant quinze jours dans ce qui est un peu le « Loft » de la robotique, avec la NHK (la télévision publique japonaise) filmant les épreuves. Techniquement, ce n'est pas d'un niveau exceptionnel, mais le défi est d'arriver à communiquer et à accorder des modes de raisonnement très différents en fonction des nationalités et des cultures. Et il gagne. Il est sacré champion du monde de robotique. Il enchaîne par HEC Entrepreneurs – un an de missions intenses sur le thème de la création, reprise et transmission d'entreprises – puis décroche un stage à l'Atelier Volume, une PME d'une cinquantaine de personnes basée à Suresnes qui fabrique des stands d'expositions. De fil en aiguille, il en devient le directeur commercial à 24 ans, amené à gérer voire à virer des salariés ayant l'âge de son père. Ce qui le plonge dans le vif du sujet, lui permet de bien gagner sa vie… mais ne le passionne pas. Il quitte la société et étudie des projets de création jusqu'à ce qu'à l'été 2007, un ami le présente à Julien Cheyssial qui vient de mettre en ligne la première version d'Immoplaza. Ensemble ils réfléchissent à la monétisation du site. La plateforme marche bien sur le plan technique, mais elle n'a pas encore de traction sur le plan commercial, pas encore de business model. On ne saura pas s'il aurait été possible de la rendre viable économiquement puisque l'histoire sera détournée par la rencontre avec Sébastien de Lafond. Immoplaza comportait pourtant quelques graines qui ont germé ensuite au sein de Meilleurs Agents, ne serait-ce que dans les rapports avec les notaires. Pour préparer ses cartes des prix de l'immobilier et les mettre en ligne sur Immoplaza, Julien Cheyssial avait très légèrement « emprunté » les données de la Chambre des notaires de Paris, redessiné à la main les 80 quartiers de la capitale et publié le tout sans demander l'autorisation. Ce n'est qu'après avoir mis la carte en ligne qu'il envoya un e-mail aux notaires en leur demandant l'autorisation. L'anecdote n'est ni anodine ni gratuite vu le rôle que les notaires vont jouer dans l'histoire de Meilleurs Agents…

OUVRIR SON KIMONO

Ayant fait connaissance par ces divers biais, pendant quelque temps, les futurs associés de Meilleurs Agents vont se « flairer », apprendre à se connaître et à se faire confiance. Les deux ingénieurs de 25 ans ont cherché sur Google le banquier d'affaires devenu capital-risqueur, mais n'ont pas trouvé grand-chose sur lui et ne savent pas trop sur quel pied danser. Julien Cheyssial et Sébastien de Lafond déjeunent d'abord en tête-à-tête dans un restaurant de la Madeleine. Quelques jours plus tard, Jordan Sanial se joint à eux lors d'une première réunion tripartite au Grand Hôtel, juste à côté de l'Opéra. Les trois hommes se croisent à la conférence LeWeb organisée par Loïc Le Meur à l'époque. Se croisent à nouveau au Salon de la copropriété, par hasard. Chaque fois, ils se saluent et cela renforce un peu les liens. En décembre 2007, Sébastien leur envoie un courriel : « Est-ce que cela vous dirait d'évoquer une possibilité de collaborer plus étroitement ensemble ? » La réponse est positive. Le 23 décembre 2007, Pascal Boulenger, Julien Cheyssial et Jordan Sanial se retrouvent dans l'appartement de Sébastien de Lafond à Paris. À la plus grande surprise des deux jeunes, il leur fait signer un engagement de confidentialité *(Non Disclosure Agreement)*, en même temps qu'il leur offre un verre dans le salon. Après cela, il leur « ouvre son kimono », pour reprendre son expression, c'est-à-dire qu'il leur présente l'intégralité de son projet, sans rien cacher, détaille tout ce qu'il a en tête. À la fin de la réunion, l'équipe est d'accord pour s'associer.

Et c'est parti comme ça. Avec ces quatre-là.

« Ce que j'en retiens »,
par Sébastien de Lafond

Le début de l'histoire vient d'être raconté, je vais le compléter par un mot personnel comme je le ferai à la fin de chacun des chapitres de ce livre. L'idée est de prendre du recul sur ce qui m'a marqué le plus, de partager ce qui, au fond, me paraît le plus porteur de sens pour dépasser le strict cadre de notre aventure.

L'histoire d'une entreprise est toujours une histoire de personnes. On s'associe parce que l'on pense, ou du moins l'on espère, former le bon noyau de départ. Que l'on partage une envie commune et que l'on est assez complémentaires et motivés pour faire décoller quelque chose qui, avant nous, n'existe pas. Et ça, c'est très particulier. Nos successeurs à la direction de Meilleurs Agents sont des professionnels de très grande qualité, diplômés, engagés, ultra compétents. Mais ce ne sont pas des entrepreneurs. Quoi qu'on en dise, les entrepreneurs, capables de démarrer de zéro et d'affronter l'incertitude et les tempêtes des premières années, constituent une espèce à part. Nous avons réussi à bâtir notre rêve et à rester unis au long de ces douze années, d'abord parce que nous étions des entrepreneurs. Et ça, on ne le sait pas tant qu'on ne l'a pas fait… Mais c'est le premier ciment entre nous, cette capacité à faire, quelles que soient les circonstances, à toujours rechercher la solution plutôt que des fusibles ou des raisons de ne pas faire. Et puis, au fil du temps et des tempêtes essuyées ensemble, se développe une confiance mutuelle et une amitié qui ne se sont jamais démenties. Cette association de quatre profils qui ne se connaissaient pas est devenue un bloc solide, ultra solidaire, fait d'amitié et de respect mutuel. Ce bloc est l'alpha et l'oméga de notre aventure.

Pourtant, avant de me lancer dans la création de Meilleurs Agents et de rencontrer Pascal, Julien puis Jordan, je me suis vraiment demandé si j'étais fait pour m'associer à nouveau. Après tout, je venais juste de me faire « planter » par quelqu'un avec qui j'avais travaillé six mois sur un premier projet de création d'entreprise dans l'immobilier. Un an auparavant, j'étais rentré de Londres après avoir revendu mes parts dans le fonds de capital-risque que j'avais cofondé, pour cause de désaccords irréconciliables avec un de mes deux associés. Bref, j'étais fragilisé par ces échecs et doutais de ma capacité à m'entendre dans la durée avec des alter ego. Je sentais que la solution n'était pas un repli sur soi, qu'il fallait tenter encore en tirant les leçons des échecs passés. Les bons partenaires existaient bien quelque part, il fallait juste les trouver et faire à nouveau confiance...

Ma rencontre avec Laurent Halimi, seul camarade de promo de HEC que je connaissais dans l'immobilier, a été décisive. Nous sommes dans ses bureaux parisiens en octobre 2007 et il me dit : « J'ai quelqu'un pour toi, il ne va jamais te laisser tomber, il connaît le marché et les agents par cœur, je vais organiser une rencontre. » Il s'agissait bien sûr de Pascal Boulenger, infatigable commercial et entrepreneur de l'immobilier, modeste, bosseur, drôle à en pleurer. Je n'étais pas fan de ses tenues vestimentaires, mais bon sang, il connaissait son affaire et son secteur bien mieux que moi, et on passait de bons moments ensemble à parler de tout autour d'une pizza ou d'une côte de bœuf. J'avais trouvé un premier associé, et même si Pascal n'était pas disponible à 100 % dès le démarrage, je n'ai jamais douté qu'il fasse partie de l'équipe de départ. L'équipe n'était pas complète, mais passer de un à deux change tout, vous avez quelqu'un avec qui échanger, valider vos idées, c'est essentiel.

Un financier, un commercial, restait à trouver le profil tech pour former le trio de base. J'ai dû approcher et rencontrer une vingtaine de personnes avec de solides expériences Web, parfois aussi dans l'immobilier. L'un d'entre eux m'a particulièrement marqué. Arnaud Lemaître avait été

Chief Technology Officer de Viadeo, l'équivalent français de LinkedIn. En plus de son job, Arnaud avait développé Paradissimmo, un outil d'évaluation en ligne de biens immobiliers, relativement peu connu, mais fonctionnel. Il avait donc tout du parfait associé pour le projet Meilleurs Agents. Nous nous entendions bien, mais Arnaud va décliner l'invitation à rejoindre le projet. Il m'a même écrit les raisons de sa décision dans un superbe e-mail en novembre 2007, incroyablement précis et prémonitoire des difficultés que nous allions rencontrer. En concluant : « Même si j'adhère à la stratégie du dauphin (collaborer en bonne intelligence), le marché actuel de l'immobilier est organisé complètement en stratégie requin. Je ne crois pas que tu puisses à la fois rendre service aux clients et rendre service aux agents immobiliers en créant la rupture que tu souhaites. » Arnaud avait tout compris et, presque, tout anticipé il y a douze ans, sauf que quatre gars très déterminés allaient quand même s'y coller et réaliser une bonne partie de la vision initiale.

L'un d'entre eux était Julien Cheyssial, entrepreneur en herbe, que je contacte après avoir découvert son site d'annonces immobilières géolocalisées Immoplaza. Super léché, son site est une vraie mine d'innovations techniques et fonctionnelles, pas de doute, Julien est un crack capable de tout faire en un tournemain. Notre première rencontre autour d'un steak tartare place de la Madeleine commence assez comiquement par une bouteille de ketchup qui explose littéralement sur ma chemise blanche... S'ensuit une conversation plutôt plaisante, mais où l'on sent une forme de méfiance réciproque sur les vraies intentions de chacun. La sienne, car il se demande ce que ce « vieux » lui veut ; la mienne, car je ne souhaite pas lâcher trop d'informations sur la nature exacte de mon projet. Il faudra que nous nous croisions à plusieurs reprises dans des conférences immobilières ou technologiques pour que Julien accepte de me présenter son tout nouvel associé, Jordan Sanial, fraîchement diplômé de l'INSA Lyon et de HEC Entrepreneurs, avec qui il souhaite trouver un moyen de financer et de monétiser Immoplaza. Je revois encore Julien et Jordan assis en face de moi sous la verrière du Grand Hôtel place de l'Opéra. Jordan m'observe comme une bête curieuse : « Qui est ce type ? Que nous veut-il ? » Jordan, évidemment le quatrième du trio, allait devenir l'organisateur hors pair, bricoleur de génie, géant au grand cœur dont nous n'avions pas nécessairement compris toute l'importance au départ, mais qui s'avérera essentiel à notre réussite.

Chapitre 2

Mission et fixation de la quille du bateau

Comment fortifier l'idée de départ pour la rendre opérationnelle et comment aligner tout le monde sur une même vision de l'entreprise

Dans les bureaux de Meilleurs Agents à Paris, boulevard Haussmann, peu après l'accueil, quand un visiteur longe la salle de réunion aux parois transparentes et se dirige vers le plateau téléphonique, il passe devant une grande photo du Golden Gate Bridge de San Francisco. Arachnéen, puissant, majestueux, racé, rouge vif comme dans la légende. Prise depuis le point de vue de Baker Beach, ce qui constitue un choix que maints Friscologues approuveraient. Près de trois mètres carrés de tirage splendide sur aluminium. C'est par une exégèse de cette image qu'en général commence la visite.

Elle a été offerte à Sébastien de Lafond par un de ses amis voyageant en Californie, qui savait qu'il aimait beaucoup cette ville et que le symbole du Golden Gate lui était cher. Investisseurs, clients, nouvelles recrues, journalistes, tout le monde a droit au topo. « Devant cette image, en cinq ou dix minutes, je peux faire passer tous les grands messages de Meilleurs Agents et de sa vision », se félicite le patron-fondateur. Essayons de ne pas dire trop de bêtises. Un pont commercial ? Un pont de la data ? Pour relier le client au marché de l'immobilier ?... « En fait, ce n'est pas un pont publicitaire, parce que la publicité on la subit, personne ne vient la chercher. Ce n'est pas le pont de la data non plus. Tout le monde nous parle de la data, mais la data brute n'est pas intéressante en tant que telle, c'est du bruit ; ce qui intéresse le particulier qui a un projet immobilier, c'est l'information : dites-moi exactement ce que je dois savoir au moment où j'en ai besoin ; combien ça vaut ? Ça va monter ? Ça va baisser ? Quels sont les bons professionnels du secteur ? Est-ce que je peux leur faire confiance pour vendre mon bien ? Ça, c'est de l'information, pas de la data. En créant ce pont informationnel, nous créons un parcours de confiance qui rapproche les particuliers des agents immobiliers. »

LE QUATUOR A DONNÉ LE TON

Au-delà des mots, il y a une constance. Meilleurs Agents est aujourd'hui une plateforme – à vocation européenne, de plus en plus – qui relie les vendeurs aux acheteurs en passant par les professionnels de l'immobilier. Grâce à ses cartes de prix, ses services, ses outils d'estimation, le site contribue à la transparence du marché. Et il n'a pas dévié de cette ligne depuis son lancement. Quand on regarde une vidéo tournée à l'automne 2008, quelques semaines après la mise en ligne du site, la première chose que dit « Sébastien » (col roulé noir et œil vif, les noms de famille ne sont pas cités), c'est : « Le marché immobilier manque de transparence ». Ensuite on voit « Julien » (Cheyssial) qui ajoute : « Notre ambition, très clairement, est de changer le marché de l'immobilier en apportant tout d'abord de la transparence ainsi que la performance réelle de l'ensemble des acteurs pour aider les particuliers à vendre plus efficacement. » « C'est de faire en sorte que tout se passe bien pour nos clients depuis le moment où ils s'inscrivent sur le site Internet jusqu'à une vente réussie », précise « Jordan » (Sanial), bombardé « directeur des Opérations ». Jusqu'à « Pascal » (Boulenger), « directeur Immobilier », qui pose quelques conditions : « Ce qu'on attend des agences, c'est qu'elles fassent en sorte qu'on puisse tenir notre promesse, tout simplement. Si on voit qu'effectivement cela ne fonctionne pas, on arrête de travailler avec elles. » Les choses sont dites d'emblée par le quatuor. Douze ans plus tard, la vision, la mission de Meilleurs Agents n'ont pas bougé d'un iota.

Un pont informationnel

À gauche du pont, les particuliers, plus spécifiquement les vendeurs qui se connectent sur le site pour faire une estimation de leur bien, tâter le terrain, recueillir des tuyaux sur les agents immobiliers sur des bases concrètes : historique des transactions, avis de clients, etc. À droite du pont, des agents immobiliers qui veulent être mis en contact avec des propriétaires souhaitant vendre leur bien. Les premiers sont inquiets parce qu'ils se trouvent en face d'enjeux financiers, patrimoniaux, familiaux énormes, et ils sont plus ou moins perdus dans le brouillard des prix fluctuants. Les seconds perçoivent que ces particuliers n'ont pas grande confiance en eux et qu'ils rêvent de se passer d'eux, alors qu'en tant que professionnels ils sont les mieux placés pour les aider à réaliser leurs opérations. Ils ont besoin de « rentrer » des mandats de vente pour gagner leur vie et ils aperçoivent la masse des vendeurs sur l'autre rive. Entre les deux, le grand pont Meilleurs Agents procure de la transparence et propose un lieu de rencontre à ces deux populations qui ont besoin l'une de l'autre. « *We are the Golden Gate Bridge of Real Estate !* » lance Sébastien de Lafond quand on le pousse.

Après la réunion du 23 décembre 2007 chez lui au cours de laquelle les quatre acolytes ont décidé de monter une société ensemble, les traductions concrètes de cette vision sont allées très vite. Les piles du pont ont commencé à monter. Ce furent d'abord des pierres japonaises, mais peu de temps après, il y eut un passage. La première pile est sortie de terre début janvier 2008 quand l'équipe de ce qui ne s'appelle pas encore Meilleurs Agents pénètre dans un studio de la rue Falguière, dans le XVe arrondissement de Paris, sous-loué à un copain de Sébastien. Moquette sur les murs des parties communes, rouille dans la baignoire, peinture d'époque, faux gazon sur le petit balcon : l'endroit n'est pas un palace. C'est là qu'après un sérieux rafraîchissement des locaux, le brainstorming va faire des bonds pendant trois mois. Seulement trois mois parce que le propriétaire voulait vendre son studio et que le fait qu'il ait été rénové a accéléré les choses. Un visiteur se porte acquéreur dès la première semaine de l'installation, obligeant l'équipe à vider les lieux avant la signature de l'acte authentique, prévue fin mars.

Le modèle américain

Trois mois seulement, mais on peut dire que la période fut productive : alignement sur une vision opérationnelle, définition du business model, immatriculation de la société sous le nom juridique de Falguière Conseil, trouvaille du nom commercial, mise au point du cadre juridique de l'activité, lancement de la prospection, grandes lignes de l'architecture Web et du plateau téléphonique…

« Brainstorm par terre avec des copains, petits fours le soir, pinard, on réfléchit sur le nom, on teste des concepts, on regarde qui a envie de mettre des ronds, on parle du pacte d'actionnaires. C'était vraiment une période sympa », se souvient Jordan Sanial. C'est aussi le moment des grandes hésitations entre l'hypothèse de faire un site B2C, le *PAP* du xxie siècle en misant sur la vente entre particuliers, ou un modèle intermédié dans lequel on inclut les agents immobiliers. Plusieurs variantes sont envisagées.

L'un des exemples à suivre est Zillow, le site américain qui venait de mettre en accès libre tous les prix de l'immobilier chez l'Oncle Sam et que Julien Cheyssial avait repéré en créant Immoplaza : « Forcément, Zillow nous inspirait fortement. Ce site qui, du jour au lendemain, met un *price tag* sur chaque maison aux États-Unis, c'était génial. En tant que Français, on se disait que les Américains n'avaient pas de tabou avec l'argent. On se demandait comment faire pareil en France. D'autant que sur le plan business, on voyait bien qu'ils avaient de la bonne traction, ils avaient tout de suite beaucoup d'argent, leur modèle était *successful*. »

Pascal passe à la lessiveuse

Le réseau de Sébastien de Lafond est mis à contribution. Copains journalistes, Laurent Halimi (HEC devenu professionnel de l'immobilier), Alex Dayon (ancien dirigeant d'une société financée par Sébastien, futur investisseur dans Meilleurs Agents et aujourd'hui numéro 2 de Salesforce), Marc Fourrier (investisseur et entrepreneur en série, cofondateur de Kiala), Christophe Cremer (fondateur de MeilleurTaux), Paul Mizrahi (cofondateur de Fortuneo)… : tous y vont de leur avis et de leurs conseils.

« On ne se bridait absolument pas sur la manière d'opérer dans le marché, analyse Jordan Sanial. Typiquement, on disait : "Admettons qu'on publie des annonces avec les numéros de téléphone des particuliers. Derrière, les agences vont réagir. Elles vont réagir comme cela et le flux va se dessiner de cette manière. Du coup, cela entraînera telle conséquence. Et les agences en second rang feront ceci." Tous ces schémas moyen et long termes étaient simulés. On essayait d'anticiper la réaction du marché, que ce soit celle des particuliers ou des agences. Cela nous a rassurés ensuite dans l'exécution parce que, finalement, je ne dis pas qu'on n'avait plus qu'à suivre le mode d'emploi qu'on avait écrit, mais intellectuellement on était dans cette posture-là. »

Parmi les anecdotes savoureuses de la rue Falguière, il y a le fait que Pascal Boulenger passait à la « lessiveuse » en fin de semaine. Les trois autres s'étaient lancés à plein temps dans l'aventure, mais lui travaillait encore comme salarié dans l'entreprise qui avait racheté l'Européenne de Métré, la société de diagnostics qu'il avait créée. Il essaie de retrouver les trois autres dès qu'il est libre et quand il arrive c'est « la machine à laver » pour lui. Car dans la semaine le scénario de travail avait encore changé : « On va travailler avec les agences ! » Puis : « On ne va plus travailler avec les agences ! » Toute l'équipe avait phosphoré en son absence, s'était rendu compte des limites potentielles d'un modèle et l'avait ajusté. Pascal Boulenger découvrait ces virages de bord en arrivant. Pour se rattraper, il passe ses samedis à téléphoner avec Jordan en se faisant passer pour des étudiants en Junior Entreprise. Ils appellent des particuliers qui ont publié des annonces immobilières en leur disant qu'ils sont mandatés pour faire une étude de marché. Ils essaient de comprendre les motivations des vendeurs, ce qu'ils aimeraient trouver sur un site. « On a bien mis deux ou trois mois à affiner la stratégie, à avoir les idées claires sur ce qu'on voulait faire », résume Sébastien de Lafond.

ÉLAGUER LE SUPERFLU

Autre chantier : la recherche et la validation du nom. Le projet Meilleurs Agents est passé par une étape où il s'appelait Plugle (pour « plug-le » : connecte-toi), un nom que Julien Cheyssial avait en stock pour une autre initiative restée dans les tiroirs. Il l'avait proposé au départ, quand l'équipe envisageait de créer une plateforme immobilière ouverte aux particuliers. Au fil des réflexions, les quatre cofondateurs s'aperçoivent qu'ils font trop de choses. Ils se rendent compte qu'il faut élaguer le superflu et que le plus important, le plus original dans leur idée d'entreprise réside dans l'identification des agents immobiliers, dans leur sélection et dans la façon de travailler avec eux. Au passage, un investisseur potentiel fait preuve pour la première fois d'interventionnisme : Vincent Lemaire, cofondateur d'Empruntis avec Geoffroy Bragadir. Il adore le concept de Plugle, mais refuse d'investir dans une entreprise affublée d'un nom aussi absurde et imprononçable. Il dit qu'il est partant si on change le nom. En tant que business angel, il sera plus tard de l'aventure Meilleurs Agents jusqu'à la signature de la vente à Axel Springer. On passe ensuite par une étape « Bons Agents ». Julien Cheyssial pense que « Meilleurs Agents » est meilleur. Spécialiste du référencement Internet, il se dit que si quelqu'un cherche un agent sur la Toile, il ne va pas se contenter de taper « bons agents ». Plusieurs rounds de workshop, de sollicitations, de suggestions d'idées plus tard, Meilleurs Agents est retenu. Non sans quelques petites réserves par rapport au risque d'être taxé de manque d'humilité. À un moment, Meilleurs Agents ne devait d'ailleurs être qu'un département de Plugle au sein d'une offre globale. Et il y a eu des cartes de visite Plugle.

APPARITION DE LA CARTE DES PRIX

D'autres piles du pont vont sortir de l'eau. Le projet d'une carte des prix de l'immobilier à Paris mise à jour chaque mois, qui va être le gros porteur médiatique de Meilleurs Agents, commence à se préciser dès la période de la rue Falguière. Pour renseigner cette carte de prix et nourrir sa méthode d'estimation en ligne des prix de l'immobilier, l'équipe s'assure la collaboration d'un scientifique de haut vol et obtient l'accord des notaires de Paris pour exploiter leurs données de transactions, lors de négociations qui seront racontées plus loin dans le livre car ce genre de tour de force est un mixte de diplomatie, d'intelligence économique et de sens des jeux d'alliance. Durant cette période, le rôle de chacun se clarifie. Les surnoms s'invitent. Pascal Boulenger sera « Papa », surnom qu'un des premiers commerciaux va lui donner. Jordan Sanial « Jo », « Jo B. » ou « Jo-Fix-It », en référence à son génie des solutions techniques, du fonctionnement à partir de bouts de ficelle. Dans la légende de cette entreprise, il sera pour toujours « l'homme qui a fait tourner un plateau téléphonique avec une FreeBox ». Julien Cheyssial sera « Ju » ou « Julich ». Quant à Sébastien de Lafond, lorsque ses copains fondateurs parlent de lui, la plupart du temps, ils disent « Séba ». « Il faut que tu demandes à Séba. » « Séba te parlera de ça mieux que moi. » Julien est le visionnaire tech de la bande. Il va s'occuper de trois grands sujets : le développement du site Internet, ce qui inclut la plate-forme technique, la carte des prix et l'outil d'estimation, tout ce qui sera prêt en septembre 2008 pour le lancement. En lien avec un développeur, il implante sur la plateforme technique le moteur de calcul des prix élaboré à grand renfort d'algorithmes avec un professeur d'économie de l'université de Paris-Dauphine et supervise la construction du « *backyard* », le back-office développé sur mesure pour gérer le business.

PROFILS DIVERS DES COFONDATEURS

Pascal Boulenger représente la caution professionnelle dans le monde de l'immobilier. Il sera aussi le commercial de choc qui avec Stéphane de Lencquesaing, l'un des deux premiers salariés de la boîte, va s'occuper de faire rentrer le premier chiffre d'affaires de Meilleurs Agents entre le printemps et l'été 2008. Les deux hommes ont pour mission de convaincre 100 agences immobilières de devenir partenaires avant le lancement du site prévu en septembre. Ils leur proposent de signer un « mandat exclusif partagé » (MEP), innovation due à Laurent Halimi et mise au point sur le plan légal par le meilleur juriste immobilier de Paris, Jean-Marie Moyse. Le principe du MEP est le suivant : l'agence sélectionnée par l'équipe de Meilleurs Agents comme étant l'une des meilleures de son secteur accepte de partager un mandat de vente exclusif avec l'une de ses consœurs, sélectionnée elle aussi. En contrepartie de ce partage d'exclusivité, le mandat leur est apporté sur un plateau par Meilleurs Agents qui l'a signé préalablement avec un particulier-vendeur inscrit sur sa plateforme. Meilleurs Agents joue donc un rôle d'intermédiaire qui récolte des mandats de vente avant de les dispatcher auprès de deux professionnels concurrents. L'agence qui vend effectivement le bien touche 55 % de la commission, celle qui ne vend pas 15 % et Meilleurs Agents encaisse le reste, soit 30 %. Le MEP sera l'unique source de revenus de la société pendant des années, avant que le business model évolue par phases pour en arriver au stade actuel dans lequel l'essentiel des revenus provient des abonnements souscrits par les agents immobiliers.

Jordan Sanial est celui qui avait le profil le moins clair au début au sein de l'équipe. Pascal Boulenger s'occupe des aspects immobiliers, Julien Cheyssial pilote la technologie, Sébastien de Lafond la stratégie et le management. Dans la pratique, Jordan Sanial a été le génie opérationnel de Meilleurs Agents, celui qui savait tout monter. Ce qu'il a été capable de faire tourner avec très peu de moyens a été absolument exceptionnel et a permis de compléter les trois autres associés de manière inestimable. Dans une entreprise, une multitude de tâches ne fait rêver personne, mais si tout ce qui est informatique, téléphonie et process n'est pas hyper performant, il est impossible d'avancer sans eux. Jordan Sanial a mis infiniment d'intelligence et de savoir-faire pour concevoir le plateau téléphonique puis manager les commerciaux sédentaires. C'est son équipe qui était chargée d'appeler les particuliers vendeurs inscrits sur le site et de les convaincre de signer un mandat avec Meilleurs Agents et ses agences partenaires.

ALIGNEMENT SUR UNE MÊME VISION

Sur le fond, sur la vision, sur la notion du « pont » entre les particuliers et les agences, l'équipe s'est alignée une fois pour toutes rue Falguière. « J'ai tout de suite aimé ce business model avec une solution qui monétise notre rôle entre les particuliers et les agences, évoque Julien Cheyssial. En gros, la thèse de Sébastien était la suivante :

l'immobilier se définit assez simplement ; c'est un gros marché dont la caractéristique principale est l'opacité… Est-ce normal alors qu'il constitue le principal actif des vendeurs, qu'il se situe au cœur de la vie de chacun sur le plan patrimonial, voire familial et affectif ? Parent pauvre de l'économie en termes de chiffres et de modélisation, le fonctionnement de ce secteur, pour quelqu'un comme Sébastien qui venait de la finance et avait l'habitude de gérer quantité d'indices et d'indicateurs, relevait de l'absurde. Voire du scandale. Moi, j'adorais cette thèse-là. Car d'une certaine manière, mettre de la transparence sur les chiffres, c'était un peu ce que je faisais avec Immoplaza. »

Même son de cloche du côté de Pascal Boulenger : « Le plus compliqué pour une agence immobilière et le plus fondamental, consiste à rentrer des mandats et à avoir l'information sur un vendeur avant tout le monde. En tant que négociateur, c'est cette chasse-là qui m'avait toujours motivée. Rentrer un appartement de qualité sur un emplacement qui tient la route revient à dire que vous partez gagnant. Vous savez que vous allez le vendre. Donc, savoir trouver l'idée qui permettrait de vraiment aider les agents à prendre des mandats nous ouvrirait une autoroute de beau et de bon business. C'est d'ailleurs en ces termes que le concept a été présenté et vendu à des agents habitués à jouer en solo. Nous les aidions à anticiper : le monde a changé, Internet est présent, vous avez les moyens de toucher les propriétaires chez eux à n'importe quel moment du jour ou de la nuit sans vous casser la tête à arpenter des kilomètres de bitume pour discuter avec les gardiens, à taper des digicodes, à essayer de vous faire faire une "clé PTT"… Le défi n'était pas facile et gagner leur confiance était l'étape clé, mais avec la conviction que l'on avait une bonne solution à proposer, le pari était, selon moi, gagnant. »

COGITATIONS ET PASSAGE À L'ACTE

En avril 2008, l'équipe de Meilleurs Agents quitte la rue Falguière et loue officiellement ses premiers bureaux, rue des Volontaires, dans l'arrondissement voisin. En quelques mois d'intenses cogitations, à la faveur d'une moquette bosselée dans un studio improbable du XVe, l'idée de construire un pont entre les professionnels et les particuliers est passée du stade de la prise de tête à celui de la tête d'affiche. Reste à comprendre comment tout cela s'est organisé sur le plan de la culture d'entreprise et de l'ouverture au grand public.

« Ce que j'en retiens », par Sébastien de Lafond

Développer une entreprise de zéro, c'est passionnant mais risqué. Surtout quand on cherche à bousculer un marché, à changer son fonctionnement. On ne parle pas ici de monter un cabinet de conseil, une boulangerie-pâtisserie ou une entreprise de maçonnerie, pour lesquels j'ai évidemment le plus grand respect, mais qui, à quelques exceptions près, ne doivent pas, pour réussir, remettre en cause les fondamentaux des rapports avec leurs clients, de leur offre produit, de leur canal de diffusion. Quand vous créez une start-up à vocation « disruptive », vous avez une idée, une vision, mais la réalité du marché va vite vous rattraper et vous forcer à adapter vos plans de départ. Personne ne trouve son « *product-market fit* » du premier coup. C'est important de le savoir, mais il y a un piège derrière ces notions d'adaptabilité, de réactivité et de versatilité nécessaires à la start-up : à force de s'adapter, de pivoter, de modifier son plan, on peut finir par complètement perdre le Nord !

Et c'est là que la notion de vision et de valeurs stables dans le temps devient essentielle à la survie de l'entreprise.

Notre vision de départ consistait à aider les particuliers à réussir leurs projets immobiliers. Pas à aider les agents immobiliers. Nous avons choisi de travailler avec des agents immobiliers parce que notre analyse montrait qu'on achetait et qu'on vendait mieux quand on était accompagné par un bon professionnel (à condition de l'identifier). Or quand on développe une plateforme biface avec d'un côté des propriétaires vendeurs et de l'autre des agents immobiliers, on rencontre des tas de conflits d'intérêts. La transparence sur les prix de marché en libre accès ? La possibilité d'estimer un bien en ligne gratuitement sans rencontrer un agent ? Les notations publiques des prestations des pros ? La diffusion ouverte des ventes réalisées par chaque agent ? Croyez-vous qu'une seule de ces innovations développées par Meilleurs Agents ait été réclamée par des agents immobiliers ? Bien sûr que non. Pas simple quand 100 % de vos revenus viennent de ces agents eux-mêmes. Sauf si vous êtes parfaitement au clair avec votre vision : aider les particuliers en leur apportant la transparence sur les prix et sur les pros. Du coup, tant pis si vous perdez des clients ou des prospects en route, et cela nous est arrivé souvent, ils finiront par revenir vers vous. Car si vous êtes fidèles à votre vision et que les particuliers vous suivent, les agents n'auront pas le choix et devront accepter les avancées que la plateforme a poussées dans le marché. Si nous n'avions pas gardé ce cap, cette vision hyper claire et stable tout au long de notre aventure, nous nous serions perdus en compromis et n'aurions pas bâti le socle sur lequel repose l'entreprise aujourd'hui.

Parlons maintenant des valeurs. Elles aussi doivent être claires et ne pas bouger. Le bateau va tanguer, beaucoup, souvent, et il faudra revenir aux quelques principes de base auxquels on croit fondamentalement pour prendre les bonnes décisions. À plusieurs reprises, nous nous sommes séparés de nos meilleurs commerciaux, en tout cas ceux qui avaient les meilleures performances chiffrées, parce qu'ils avaient été plus que créatifs avec les règles, ils avaient triché, menti. C'est facile de dire : « Bien sûr, il faut les virer ceux-là. » Sauf que quand vous êtes encore une jeune pousse et qu'un commercial génère un tiers de votre chiffre d'affaires, le licencier va faire très mal à la trésorerie. Mais là encore, si vous êtes au clair sur vos valeurs (entraide et quête de l'excellence ne fonctionnent qu'avec intégrité), la décision reste douloureuse mais s'impose très vite. Exactement comme avec la vision, le jeu de valeurs claires et sincères est absolument essentiel à la bonne marche de l'entreprise et à la prise des décisions difficiles.

Voilà, c'est en tout cas ma conviction. Si votre vision et vos valeurs sont claires et stables, alors vous allez pouvoir être agile, réactif, tirer des bords aussi souvent que nécessaire sans perdre le Nord. Et ça, c'est essentiel pour gagner la bataille, les nombreuses batailles, du développement d'une entreprise disruptive.

Chapitre 3

Les valeurs comme colonne vertébrale de l'entreprise

Comment la bienveillance, l'entraide et la recherche de l'excellence ont été les fondements de Meilleurs Agents

Durant quelques semaines du printemps 2020, les gens ne se sont pas serré la main ni embrassé ; en revanche, nul n'a été empêché de dire bonjour. Et surtout pas à l'accueil de Meilleurs Agents. Faites l'expérience en vous y présentant. De toute personne qui passera à côté de vous, vous entendrez : « Bonjour ! Je peux vous aider ? », « Bonjour ! Quelqu'un s'occupe de vous ? », « Bonjour, vous désirez une bouteille d'eau ou un café ? » Certes, il n'y a pas que dans cette entreprise que les salarié(e)s sont courtois(es). On peut très bien supposer qu'ils sont briefés. « Si tu ne dis pas bonjour aux visiteurs, tu n'auras pas de prime ! »

Ben voyons, tout à fait dans l'esprit de Meilleurs Agents !

En fait, une autre approche de la mentalité de l'entreprise pourrait être les déjeuners d'intégration. Tous les trimestres environ, la direction de Meilleurs Agents invite les recrues des mois précédents à déjeuner. Sont présents lors de ce repas des membres du top management : Sébastien de Lafond, Thibault Remy, son successeur à la présidence de l'entreprise et auparavant directeur financier et DRH, occasionnellement l'un des autres cofondateurs. La parole est libre autant qu'elle peut l'être et on demande à chacun d'où il vient, pourquoi il est venu, son ressenti des premières semaines, les sujets d'étonnement qui l'ont marqué. Parmi les commerciaux, il y a des jeunes, mais aussi des chevronnés qui ont roulé leur bosse, sceptiques, le verbe facile, à qui on ne la fait pas : des commerciaux pur jus. Certains se retrouvent à tomber l'armure : « Quand on m'a raconté ces histoires de bienveillance et d'entraide, je me suis dit : "OK, c'est la mode, on verra bien." Et puis, en fait, au bout de quelques semaines, je me suis rendu compte que… c'était vrai. Dès que j'ai eu besoin de quelque chose, avant même que je demande quoi que ce soit, des collègues étaient là pour m'aider. J'ai compris qu'on avait le droit de se tromper. J'ai été commercial pendant dix ans, là je suis parti quelques jours et vous savez quoi ? Les collègues se sont occupés de mon portefeuille clients et prospects. Quand je suis revenu, ils avaient signé des ventes pour moi. Je n'ai jamais vu ça ailleurs. »

Stagiaires et ping-pong

Poursuivons notre recherche d'indicateurs. Boulevard Haussmann, sur les deux étages qu'occupe Meilleurs Agents se succèdent toute une série d'espaces intérieurs aménagés selon des styles différents. L'ensemble s'inscrit dans un registre plutôt clair et aéré, un peu îlien, un peu nature sauvage : « La Canopée », « La Clairière », « La Barbade » (la salle de board)… Quand on approche du « Rivage », on entend des bruits de balles de ping-pong : partie en cours. D'autres font la pause dans des petites salles ou des canapés. Au détour d'un couloir, on croise des stagiaires. Celui-ci sort de HEC, il a découvert Meilleurs Agents sur un forum. Il avait ressenti « quelque chose de très agréable, de très dynamique ». Il avait demandé à

« faire une sorte de petit test pendant une demi-journée ». Bilan des courses : « Franchement, l'équipe RH n'avait pas menti. » Celle-là vient d'être embauchée en CDI. Elle a fait Supélec et a répondu à une offre de stage sur Welcome to the Jungle. « Je voulais faire de l'analytics, de la data dans une boîte dynamique, en croissance, pas trop grande, pas trop petite, donc Meilleurs Agents c'était parfait. J'ai passé les entretiens, c'était le super cadre, l'exigence, je me suis vraiment accrochée. Et puis, en comparaison avec les autres entretiens que j'ai passés en parallèle, il n'y avait pas photo. »

Au bout de la salle, une espèce de grande cuisine américaine, très utilisée manifestement, mais propre et rangée. Plusieurs personnes autour de LA machine à café de la société. La seule. Un point de culture d'entreprise voulu pour faire en sorte que les équipes se parlent et que le brassage des populations se fasse. « Quand je manageais toute la partie commerciale, se souvient Jordan Sanial, mes équipes devaient passer devant les bureaux des geeks, sauf que les uns et les autres n'avaient pas du tout le même rythme. Le service commercial était ouvert de 9 h 00 à 20 h 30, samedi compris, avec des horaires imposés, des primes d'assiduité, des avertissements en cas de retard. Là où les geeks étaient dans un mode à se tirer dessus avec les pistolets Nerf, faisaient potentiellement des mises en route la nuit, arrivant assez tard le matin. Les commerciaux ne voyaient pas forcément le travail effectué la nuit et ils disaient : "Je ne comprends pas pourquoi on nous 'flique' alors que les geeks, on ne sait jamais où ils sont, on ne sait pas ce qu'ils font à part se tirer dessus au pistolet." On a dû beaucoup travailler là-dessus et c'est pour cela qu'on voulait qu'il y ait cette unique machine à café : pour que le commercial de la plateforme parle du problème rencontré par son client directement au développeur informatique. » Si vous prenez un café et une salade dans cette cuisine, que vous soyez stagiaire ou directeur général, vous êtes prié de passer l'éponge. Il n'y a pas de préposé(e) au rangement et la règle veut que quand une miette traîne sur la table de la cuisine, c'est le début du bazar global dans l'entreprise. Et il n'y a pas de sous-tâche ni de sur-chef.

PLATEFORME TÉLÉPHONIQUE JAMAIS DÉLOCALISÉE

À l'étage au-dessus du « Rivage », on tombe sur la plateforme téléphonique de Meilleurs Agents. Cent soixante Sales & Customer Success, autant de commerciaux B2B et B2C qui turbinent, sans pour autant que le volume sonore soit dérangeant, grâce aux dispositifs anti-bruit. B2B pour ceux qui « dealent » avec les agences immobilières. B2C pour ceux qui traitent avec les particuliers. En un peu plus de cinq ans, l'effectif de cette plateforme a quasiment quintuplé. Dans toute l'histoire de Meilleurs Agents, elle n'a jamais été délocalisée. Tout comme la direction n'a jamais fait appel à des informaticiens indiens ou ukrainiens à distance, histoire d'avoir accès à de la ressource tech bon marché. Rien n'a jamais été outsourcé et, à part un petit épisode de quelques mois à une époque où, faute de place et en attendant de déménager, il a fallu louer des bureaux supplémentaires dans la même rue que le siège principal, toutes les équipes de Meilleurs Agents ont toujours travaillé au même endroit et en plein Paris. La raison : mentalité, niveau de qualité, communication, échanges, attractivité. Pour certains projets qu'il faut lancer rapidement, Meilleurs Agents est plus qu'un site Internet. C'est une « ville-usine » où tout est complètement interconnecté. Avec différents stades de traitement, de maturation, des « tuyaux » dans tous les sens.

Dans une heure, Sébastien de Lafond fera un point « Entreprise » devant tous les salariés. Cet exercice se déroule dans un grand espace encore inoccupé qui fait partie des locaux récemment loués à un angle de l'immeuble du 7-9 boulevard Haussmann. L'endroit est encadré de fenêtres et baigné de lumière. « On parle d'entraide, on parle de quête de l'excellence, c'est notre pied gauche et notre pied droit. Mais le respect, c'est une relation dans les deux sens. Je pense que c'est la base de tout, de nos relations quotidiennes au long cours », explique Sébastien de Lafond. Parmi tous ceux et celles qui l'écoutent, il y a sans doute un certain nombre de commerciaux qui pensent à leur objectif et à la façon dont ils vont les tenir… « S'il vous plaît, montons notre niveau de jeu, continue le président, et cherchons à montrer toujours le bon niveau de respect. Vous êtes d'accord avec moi ? » Message transmis, séance levée, il est 18 heures passées et la plupart des troupes vont rentrer chez elles. Un autre soir, on serait tombé sur un pot dans un service avec du champagne et des petits gâteaux. L'entreprise a pris l'habitude de célébrer. Pas seulement de faire des fêtes – elles sont connues pour être dignes de ce nom et il y en a eu de gratinées –, mais de célébrer, de saluer les succès commerciaux, de prendre le temps de se poser et de boire un coup. Repas de services, séminaires, séjours d'une semaine ensemble au Maroc… Encore un axe de la culture d'entreprise de Meilleurs Agents. Mais celui-ci, pour le coup, a mis un peu de temps à se mettre en place.

Une tendance à être dur au mal...

La première fois que Jordan Sanial a invité une équipe commerciale au restaurant, elle devait comporter 25 personnes. Entre zéro et 25 collaborateurs, il n'y avait pas eu de célébration... Parce que le rythme de travail était dingue, qu'il fallait tenir les objectifs et repartir à chaque échéance en remettant le compteur à zéro. Jusqu'à un certain stade de la croissance, la tendance était plutôt d'être dur au mal et de ne pas se retourner. Aujourd'hui, fêter les victoires est devenu un usage, de même que mémoriser les succès, cranter les avancées positives de l'entreprise. Ce qui représente un budget. Mais qui se retrouve dans le niveau d'attachement et de motivation. Les quatre cofondateurs de 2008 sont restés soudés, ce qui est aussi une illustration de la culture interne de cette entreprise. Ils ont commencé ensemble et finissent ensemble : une telle situation n'est pas courante dans des start-up qui ont 12 ans d'âge comme un bon whisky. La plupart du temps, quand un cofondateur est remplacé par un manager, la belle histoire se termine par les larmes. Alors que chez Meilleurs Agents, les fondateurs ont trouvé des jobs complémentaires et conservé un rôle significatif dans l'entreprise. Toute une série de petits goodies sont venus étayer les réussites et renforcer cette logique de cohésion. Il y a maintenant « le Commercial du mois » et sa version annuelle, les « MA Awards » : meilleur commercial de l'année, meilleur manager. En contre-pied parfait de ces récompenses très business et très sérieuses, on trouve la « Madeleine d'or », une sorte de Prix Citron époque Internet. Jordan Sanial avait la réputation de se faire livrer souvent des colis au bureau, car il n'était jamais chez lui. L'année où il s'est fait livrer un piano, il a reçu une « Madeleine d'or ». Sébastien de Lafond a mérité la sienne du temps où l'équipe était installée rue du Sentier. Quand on entrait dans les locaux de Meilleurs Agents à l'époque, tout de suite à gauche, on tombait sur la salle « Green Monkey » dont l'un des murs était décoré par un énorme visuel de golf. Quand un nouvel arrivant se présentait, Sébastien de Lafond lui demandait toujours s'il jouait au golf. Et quelle que soit sa réponse, il lui montrait le poster de la salle Green Monkey. La personne de l'accueil lui avait décerné une Madeleine d'or.

QUELQUES STARS VENUES PORTER LA BONNE PAROLE

On peut parler aussi de tous ceux qui ont formé une sorte d'association de bienfaiteurs sans but lucratif autour de la société. Dida Diafat, onze fois champion du monde de boxe thaï, est venu parler gratuitement sur le thème « Croire en soi à partir de zéro ». Éric Bellion, qui a fait le Vendée Globe et fait naviguer des non-voyants, est venu parler gratuitement sur le thème « Cultiver la différence ». Jean-Paul Paloméros, ancien chef d'état-major de l'armée de l'air, est venu gracieusement faire une conférence sur le commandement des hommes. Henri de Castries, l'ancien patron d'Axa, a partagé son expérience avec le comité de direction de Meilleurs Agents en venant lui consacrer une heure et demie de son temps pour parler de sa vision du recrutement. Jean de Monicault, ancien commandant du deuxième Régiment étranger de parachutistes est aussi intervenu pour présenter le code d'honneur du légion-naire. Tout cela, entraide, machine à café, « Madeleines », célébrations sont les pièces d'un vaste puzzle dont la composition est dessinée par un livre : *La Stratégie du dau-phin* (Éditions de l'Homme, 2006). Un ouvrage écrit par deux Américains, Dudley Lynch et Paul Kordis, et qui est réédité depuis plus de trente ans. Dans ce texte, il est question de trois stratégies : celle de la carpe (un peu passive et qui se préoccupe surtout d'éviter de perdre), celle du requin (agressif et soucieux de vaincre à tout prix) et celle du dauphin (celui qui cherche ce qui fonctionne et qui essaie de faire avancer les choses collectivement).

UNE HISTOIRE DE DAUPHINS BIENVEILLANTS

C'est Béatrice Cuvelier, pionnière du personal branding en France, qui avait mis le livre entre les mains de Sébastien de Lafond à l'époque où celui-ci envisageait de créer le site Mini-Me. Le concept l'avait d'autant plus interpellé que des requins, il en avait connu durant ses dix ans passés dans le monde de la finance internationale. Toute une mentalité basée sur la capacité à se donner des coups mortels. Des milliards de kilojoules dépensés à se croquer les uns les autres pour arriver au sommet d'une pyramide de dollars. Alors que dans la communauté des dauphins règnent la coopération et la solidarité. « Dès le début, j'ai voulu instaurer un modèle de management avec la conviction qu'on pouvait être à la fois efficace et heureux dans son job », expliquait Sébastien de Lafond dans le portrait qu'en a fait *Les Échos*.

« Le dauphin est un animal intéressant, explique-t-il, parce qu'il se pose des questions sur ses forces et ses faiblesses. Il est assez conscient de qui il est. Il a une vision claire de ses objectifs. Et il se rend compte qu'évoluer tout seul avec ses forces et ses faiblesses n'est pas la bonne solution. Donc il est à la recherche d'autres dauphins qui ont des forces et faiblesses différentes des siennes et dont les objectifs, sans forcément être exactement les mêmes, sont compatibles avec le fait de fabriquer ensemble des méta-objectifs. Il en découle les stratégies d'alliance des dauphins. Ils ne vont jamais engager le combat pour le plaisir ou de manière systématique. Ils vont le faire si, effectivement, leurs intérêts vitaux sont mis en danger. Si un requin les attaque, ils s'organisent et s'en occupent. Mais, sinon, ils ont des choses plus intéressantes et plus importantes à faire. Ils cherchent d'abord la stratégie de coopération. » Douze ans plus tard, le fondateur de Meilleurs Agents n'a pas changé de credo. Lors de ce qu'ils ont appelé le « Magic Closing Dinner » qui s'est déroulé au George V le 13 janvier 2020, au cours duquel les associés et les principaux partenaires ont célébré la vente de la société à Axel Springer, il a prononcé un discours devant les convives. En voici le passage sur les valeurs :

« Troisième et dernier point à retenir de notre voyage, vous ne devez jamais transiger sur vos valeurs fondamentales, quel qu'en soit le coût à court terme. Certains d'entre vous savent que nous avons bâti l'entreprise autour de deux valeurs simples : la solidarité et l'excellence. C'était une version simplifiée de La Stratégie du dauphin, *un livre de consultant que nous avons essayé d'appliquer dans la vie réelle. En cours de route, ces principes signifiaient qu'il fallait :*

— *ne jamais attendre pour annoncer une mauvaise nouvelle à notre conseil d'administration ;*

— *virer tout collaborateur qui avait triché ;*

— *accepter des erreurs sans faire de reproche lorsque le coupable était de bonne foi ;*

— *garder son calme sous la pression et s'excuser lorsqu'on blessait quelqu'un ;*

— *donner l'exemple et ne pas demander à quelqu'un de faire quelque chose qu'on ne ferait pas soi-même ;*

— *montrer un respect égal à chacun.*

Ces règles ou valeurs simples, ainsi que notre quête incessante de l'excellence (mauvaise nouvelle, nous ne l'avons jamais atteinte, bonne nouvelle, nous courons toujours !) sont restées avec nous à tout moment. »

Utiliser le même message en interne et en externe

Les yeux dans les yeux, Sébastien de Lafond est capable de vous dire que la stratégie du dauphin est plus importante que le business. Tout le monde n'est pas obligé de le croire ou en tout cas tout le monde n'embraye pas forcément au quart de tour. Julien Cheyssial et Jordan Sanial avaient 25 ans quand il leur a « ouvert son kimono » pour les convaincre de s'associer avec lui dans le projet Meilleurs Agents. Julien Cheyssial était très jeune et très ambitieux. Ce genre de discours lui était un petit peu passé au-dessus de la tête… Avec le recul de douze ans passés dans la société, il reconnaît lui-même l'importance de ces valeurs dans le succès de Meilleurs Agents. De leurs effets positifs sur la cohésion d'équipe, l'implication et le dévouement de la part des collaborateurs. On pourrait multiplier les témoignages allant dans le même sens. Cela dit, la stratégie du dauphin *ne remplace pas* le compte d'exploitation. « Cela fait partie du grand talent de Sébastien de Lafond d'avoir quelques axes forts de communication en interne. Personnellement, ce n'est pas quelque chose qui nous a beaucoup concernés », grogne un des investisseurs de la société, pas mécontent de se déguiser en requin, le temps d'une pirouette.

Sur le fond, Meilleurs Agents n'a connu que deux ou trois contentieux aux prud'hommes en l'espace de douze ans et n'en a perdu aucun. C'est assez symptomatique de la façon de traiter les gens dans un établissement pourtant sujet à un turnover important, principalement au sein des équipes commerciales. « Leur stratégie consiste à coopérer, à s'entraider, à être plus fort ensemble dans un monde qui n'est pas toujours peuplé d'animaux sympathiques, analyse Denis Kibler, le premier business angel de l'histoire de la société. Le fait est que l'on obtient rien par le *top-down*, mais qu'il faut nécessairement partager, déléguer, faire confiance, donner le droit à l'erreur. C'est une chance de pratiquer ce type de stratégie parce qu'on attire les meilleurs. Ce n'était pas évident pour moi au départ. Ils m'ont énormément apporté sans qu'ils s'en rendent compte. Officiellement, c'est moi qui leur donnais des conseils. Dans la réalité, j'ai gagné en sagesse et en connaissance. » Et quand on lui demande de comparer avec d'autres modes de management qu'il a connus dans des secteurs plus classiques : « La clé réside dans le fait d'utiliser à peu près le même message en interne et en externe. Si vous avez un message différent, vous introduisez une espèce de faille qui ne peut que s'élargir. C'est souvent le cas des grandes entreprises qui ont un discours affiché et des comportements qui ne sont pas en conformité avec ce discours. Ce qui se retrouve dans le ressenti des collaborateurs. Il leur manque souvent une cohérence entre les discours interne et externe. Chez Meilleurs Agents, il y a cette cohérence. »

« Ce que j'en retiens », par Sébastien de Lafond

Avec la stratégie du dauphin, on touche au cœur de Meilleurs Agents. Quand j'ai créé cette entreprise et que j'ai partagé mes idées d'entraide, de bienveillance, de quête de l'excellence, de formation d'une « cordée » pour monter ensemble, certaines personnes un peu plus sceptiques que d'autres m'ont dit : « Tu vas voir, à 20 ou 30 salariés, ce sera difficile de maintenir ces valeurs, et à 150, les ailes de l'avion vont tomber ! »… Nous sommes aujourd'hui près de 300 salariés et la culture de l'entreprise est plus forte que jamais. Pourquoi ? Parce que les salariés ont compris que le concept de la stratégie du dauphin pouvait transformer leur vie professionnelle et parfois même irriguer leur existence plus largement : ils sont devenus les gardiens de la culture.

Il faut expliquer pourquoi cela marche. Pourquoi l'entraide et la quête de l'excellence constituent une philosophie gagnant-gagnant pour l'ensemble de nos équipes. Et pourquoi je suis convaincu que ces valeurs incarnent l'avenir. Quand les gens se sentent en confiance avec la culture d'une entreprise, quand on en arrive au stade où cette culture diffuse en interne parce qu'elle est relayée par la base, alors les collaborateurs et les collaboratrices donnent leur plein potentiel – et leur niveau de performance est bien supérieur. Mais quelle culture d'entreprise, précisément ?

Il y a une citation qui me tient à cœur : « *Create, don't compete.* » Ne perdez pas de temps à vous battre, mais inventez ! soyez créatifs ! En d'autres termes, c'est toute la différence qui existe entre les requins et les dauphins. Le requin est agressif par nature, le dauphin trouve des solutions par nature. Des « requins » humains, j'en ai fréquenté un certain nombre dans ma vie professionnelle : le monde sans « requins » est un monde illusoire. Mon but a été de fabriquer une entreprise de « dauphins », de populations qui inventent et s'entraident. Mais attention : être bienveillant et attentif à l'avis des autres ne veut pas dire être mou ou ne pas savoir se défendre si nécessaire. Le dauphin est une baleine « à dents ». À tous les niveaux d'une entreprise, il faut être capable de prendre une décision – et de temps en temps, une décision difficile – et faire preuve d'autonomie.

À propos de l'intelligence des arbres, j'ai en mémoire les propos d'un scientifique disant qu'il ne fallait pas imaginer que les arbres étaient « collés dans le passé » alors que nous autres, animaux et êtres humains, aurions « continué à évoluer. » Par certains côtés, expliquait-il, l'espèce végétale est plus sensible et plus évoluée que la nôtre. Et l'un de ses grands avantages est qu'elle n'a pas de structure hiérarchique. Nous fonctionnons dans une logique où il y a une tête et des organes sans lesquels le reste ne peut pas exister. Dans le cas des végétaux, quand on leur coupe une branche maîtresse ou la cime, la plupart du temps, ils se régénèrent. Ils survivent et se développent avec une sorte d'*intelligence distribuée*. Voilà aussi une bonne source d'inspiration pour nos organisations trop convaincues qu'au-dessous d'une tête qui pense il y a des membres qui exécutent.

Pour paraphraser une célèbre publicité, pratiquer la bienveillance et le respect humain à l'extérieur vous fera du bien à l'intérieur. Et cette ligne de conduite sera beaucoup plus efficace que le contraire sur le plan du développement. Les valeurs de votre entreprise ne sont pas de la communication. C'est la colonne vertébrale de chacun comme celle de l'ensemble de l'organisation. Entraide et quête de l'excellence ont réellement guidé nos pas pendant toute notre aventure. Et à l'heure où je vais bientôt quitter l'entreprise, j'anticipe un peu sur les prochains chapitres, Sabrina, une collaboratrice responsable du suivi des clients agents immobiliers m'a confié : « Tu sais, tu peux partir tranquille, nos valeurs on ne va pas les lâcher, c'est notre bien le plus précieux. » Waouh...

Chapitre 4

Choix décisifs
et phase d'accélération

*Pour que la mayonnaise monte, il faut
prendre des risques et inventer des solutions
qui ne figurent pas « dans le manuel »…*

Entre le moment où elle se jette dans le projet « Meilleurs Agents » début 2008, et la conférence de presse de lancement du site au mois de septembre *(voir le chapitre suivant)*, l'équipe des quatre fondateurs va vivre neuf mois d'une intensité exceptionnelle. Se mettre d'accord sur la stratégie, éliminer des fausses pistes de business, préparer une carte révolutionnaire des prix de l'immobilier à Paris, signer un contrat hyper malin avec les notaires, monter l'architecture technique du site Internet en l'appuyant sur un référencement hors pair, concevoir de toutes pièces un plateau téléphonique avec quelques commerciaux sédentaires et faire signer cent premières agences immobilières clientes, cela fait beaucoup en aussi peu de temps. Et pour aussi peu de personnes. Et on ne parle pas dans ce chapitre de la première levée de fonds ni de la constitution d'un board d'actionnaires, sans quoi rien de ce qui précède n'aurait existé. « Comme ils ne savaient pas que c'était impossible, ils l'ont fait ! » : la bonne sentence s'applique à Meilleurs Agents comme à probablement toutes les autres start-up. Chacun sait ou se doute que, quand on « monte une boîte », il y a une période initiale très courte durant laquelle tout est stratégique, urgent, vital, infaisable dans le délai imparti. Et pourtant à cœur vaillant…

Dans le QG des notaires de Paris

Pour construire sa carte des prix à Paris et son système d'estimation des prix de l'immobilier à l'adresse qui prendra le nom d'« Estima », Meilleurs Agents a besoin de deux choses : la liste de toutes les transactions immobilières à Paris durant les dix dernières années pour disposer d'un substrat, et une méthode scientifique pour l'exploiter, pour y faire pousser des calculs de prix prévisionnels. Par une heureuse libéralité du hasard, à moins que ce ne soit la chance qui sourit aux audacieux, le destin va résoudre ces deux problèmes au même moment comme par un coup de baguette magique. Cela commence par un rendez-vous qui voit Sébastien de Lafond et Julien Cheyssial discuter dans leurs locaux avec des responsables de la Chambre des notaires de Paris, place du Châtelet. Globalement, tous les notaires de Paris et d'Île-de-France remontent chaque mois leurs données de transactions à la Chambre, qui les centralise depuis 1991 sous forme de fichiers numérisés. Dans le cadre de son projet précédent, Immoplaza, Julien Cheyssial avait mis en ligne des agrégats, c'est-à-dire des prix par quartiers. Meilleurs Agents en veut beaucoup plus : il lorgne sur l'intégralité de la base à son niveau de précision maximale. Il lui faudrait idéalement le détail des 30 000 à 40 000 transactions qui se pratiquent chaque année à Paris, avec le prix, la description et l'adresse précise de chaque bien, tout cela sur au moins dix ans… Financièrement, s'il était possible d'acheter ces données, comme le font des agents immobiliers, au coup par coup, à trois euros l'unité, quand ils veulent en avoir le cœur net sur une transaction, il y en aurait pour plusieurs millions d'euros, ce qui n'est pas dans les clous de la petite start-up. Qui plus est, l'état d'esprit des notaires n'est pas à la vente de leur trésor. Ils ne cherchent pas, en tout cas pas ouvertement, à monnayer leur base pour faire du profit. Et ils sont extrêmement sourcilleux sur les questions de sécurité. Lorsque le secrétaire général de la Chambre, Alain Joubert, entre en relation avec Meilleurs Agents, les notaires n'ont pas l'habitude de communiquer de manière précise les adresses des biens immobiliers. L'open data, qui apparaît aujourd'hui comme une évidence, ne l'était pas à l'époque et ils sont très vigilants sur le secret professionnel. Pour resituer la négociation dans son contexte, il faut rappeler que c'est une loi de mars 2011 qui a créé le service public de l'information immobilière dont les décrets ne sont sortis que plusieurs années après. Meilleurs Agents se heurte à un mur financier autant que déontologique.

Un PC volontairement discret

Le coup de génie de la société aura été le suivant : il a consisté à dire aux notaires qu'elle ne souhaitait pas acheter leurs données, mais simplement les exploiter à distance pour faire un calcul. En leur donnant toutes les assurances de sécurité et en leur garantissant contractuellement que ces données hautement confidentielles ne sortiraient pas des ordinateurs de la Chambre. Meilleurs Agents propose aux notaires de venir brancher place du Châtelet un serveur – une simple tour PC puissante mais dépourvue de logo pour être discrète – qui restera sous la surveillance de leurs informaticiens et qui effectuera des calculs sous leur contrôle. Avec des possibilités d'audit, voire d'audit physique pour les notaires dans les locaux de Meilleurs Agents et un droit de « vie ou de mort » sur cet arrangement en cas de problème. Lequel serveur livrerait ensuite chaque mois, à partir des données de transactions notariales du mois et des calculs faits sur place par Meilleurs Agents, des résultats qui seraient tout ce que cette société aurait le droit de prendre. Quels résultats ? L'estimation d'un prix pour chaque adresse de la capitale. Concrètement, un fichier comportant en gros une ligne par adresse, avec, pour chaque adresse, trois évaluations du prix au mètre carré : un médian, un bas et un haut, assortis d'un indice de confiance en fonction du nombre et de la qualité des données sur cette adresse.

Pour des raisons qui tiennent sans doute à un désir de transparence aussi réprimé que prémonitoire, les notaires acceptent la proposition. Ils vont au bout de ce que leurs avocats de l'époque leur autorisent en termes de secret professionnel. Il en résulte une négociation commerciale relativement longue. Le fait que Meilleurs Agents ne dispose pas de beaucoup de trésorerie pose un problème. Au final, les notaires facturent un prix qui est élevé pour la start-up, mais le jeu en vaut la chandelle. Elle obtient le droit d'exploiter la base de données des notaires. Mais il lui manque encore la longue cuillère en bois pour touiller ces ingrédients au-dessus d'un petit feu. Comment extraire des estimations de prix précises et actualisées de cette base de transactions ? Sébastien de Lafond sait qu'il lui manque encore une solution scientifique, un professeur Cosinus pour écrire les équations au tableau noir. Il va le trouver un peu par hasard lors d'une discussion chez les notaires. L'écoutant présenter son projet, un statisticien de la Chambre s'exclame : « Ah ! vous travaillez sur l'indice des ventes répétées ! » Personne dans la start-up n'en a jamais entendu parler, mais tout le monde opine d'un air entendu. De retour au bureau, ils font une recherche sur Google et tombent sur un docteur en économie qui a fait sa thèse sur ce concept-là. Sébastien de Lafond, qui aime bien les maths, la télécharge et s'en imprègne…

suffisamment pour comprendre qu'il a déniché l'oiseau rare. De la rencontre qui suivra avec ce professeur de Dauphine naîtra la méthode de calcul des prix employée durant les premières années d'existence de Meilleurs Agents. Ce sera le « réacteur nucléaire » de son avance conceptuelle et scientifique sur la concurrence. C'est ce qui permettra à la société d'être prête en septembre 2008 à lancer un site Internet grand public d'estimation du prix du mètre carré pour chaque immeuble de la capitale.

LES PROGRAMMEURS PROGRAMMENT

Pendant que Sébastien de Lafond négocie avec les notaires, Julien Cheyssial développe l'architecture informatique du futur site Internet de Meilleurs Agents avec l'aide d'un premier salarié, le développeur Nicolas Mussat, et de deux free-lances informatiques, Nicolas Grilly et Benoît Hirbec. Tout le monde programme allègrement pour mettre au point la plateforme technique, le back-office, le système d'authentification de l'extranet, la carte des prix, l'outil d'estimation et même un comparateur des agences immobilières qui sera prêt à la rentrée. La doctrine scientifique du chercheur de Dauphine, cette méthode des « ventes répétées », est compactée en algorithmes mathématiques qui sont ensuite codés informatiquement pour être injectés sur le serveur. Difficulté intrinsèque en soi, car les formules mathématiques sont complexes, d'autant plus que que les informaticiens de Meilleurs Agents n'ont pas le fichier des notaires sur leurs machines. Ils travaillent sur un jeu fictif pour pouvoir prototyper leurs algorithmes avant d'aller les faire tourner grandeur nature dans les locaux de la place du Châtelet. Écueil supplémentaire, le volume de la base de données des notaires est énorme, ce qui ralentit considérablement le travail par rapport aux tests effectués sur un jeu de données. Tous les mois, dès que les notaires préviennent que leur base est à jour de toutes les transactions récentes, Meilleurs Agents se connecte dessus et déclenche sa « moulinette »… en priant pour que le système ne plante pas. Les premiers temps, l'actualisation des prix par le serveur prend plus de trois semaines et la marge d'erreur opérationnelle est nulle, puisqu'il faut tout recommencer si un bug survient. Petit à petit, des mécanismes sont développés pour pouvoir reprendre les calculs en cours de route s'il se produit une interruption. Dans les bureaux de Meilleurs Agents, on regarde le pourcentage du travail avancer au fur et à mesure et quand la totalité du calcul est faite, on récupère le fichier, on l'intègre dans la plateforme pour publier les prix sur le site Internet. Tel est le modèle qui fonctionnera à partir de septembre 2008 et qui constituera le produit d'appel grand public de la société.

LE COUP DE GÉNIE DU RÉFÉRENCEMENT

Internet à l'époque est déjà une gigantesque jungle, ce qui pose ensuite la question du référencement. Comment faire pour que les gens arrivent sur le site Meilleurs Agents ? Y compris ceux qui ne le connaissent pas ? Comment monter en tête de page sur Google. On peut bien sûr se ruiner en achetant des mots clés sur Google Adwords, mais ce n'est pas le genre de la maison. Julien Cheyssial va être à l'origine d'un des plus beaux exemples de référencement naturel qui soient. Il a l'idée de consacrer une page Internet à chaque immeuble de Paris avec pour chacun une photo, l'époque de construction, le nombre d'étages et l'estimation du prix. Pour récupérer de telles informations, il trouve deux sources. D'une part, l'APUR (l'Atelier parisien d'urbanisme) dispose d'une base sur toutes les adresses à Paris avec des éléments descriptifs : nombre d'étages, de logements, caves, parkings, ascenseur… Meilleurs Agents l'achète pour quelques centaines d'euros. D'autre part, le cabinet Bloy, géomètres-experts, a pris la saine habitude de faire des photos de chaque immeuble quand il effectue des relevés. Il vend aussi sa base pour une somme modique. Pour moins de 2 000 euros, Meilleurs Agents se retrouve avec un contenu très fouillé de biens immobiliers identifiés adresse par adresse, ce qui est la clé vis-à-vis de Google. Pour ne pas être considéré comme *spammy* (pollueur) par le site américain, il faut créer d'emblée un site granulaire (distinct d'une page à l'autre), volumineux et de préférence innovant. Grâce à ses différentes sources de contenu, Meilleurs Agents dispose pour chaque immeuble d'une photo, voire de plusieurs, et de nombreuses informations précises et uniques, à commencer par l'estimation du prix au mètre carré dont il a l'exclusivité. Résultat, quand un internaute tape « 10 rue du Château », Meilleurs Agents apparaît presque systématiquement en premier sur la page de recherche.

« Souvent les gens nous créditent de très fortes compétences en SEO (optimisation du référencement sur les moteurs de recherche), c'est vrai que nous avions un savoir-faire, c'est indéniable, mais dans le même temps, notre travail a été grandement facilité par l'absence de concurrence, relativise Julien Cheyssial aujourd'hui. Personne n'avait eu cette idée de référencer chaque adresse. Du coup, Google a, d'une certaine façon, sauté sur notre contenu, par absence de contenu concurrent, et nous avons très vite pris la place. » La qualité du référencement a été un point absolument clé dans le succès de

Meilleurs Agents. On peut dire que ce sera littéralement l'essence de la machine à prospects. C'est ce qui a permis aux particuliers d'atterrir sur le site, de le consulter et de découvrir la valeur qu'il y avait derrière. C'est là aussi que Meilleurs Agents instaure le début de ce qu'il appelle son « référentiel géographique », une composante essentielle de son business parce que tout y est géographique : évidemment les estimations de prix au mètre carré, mais aussi celles que font les internautes sur la plateforme, les agences immobilières qui sont localisées à une adresse, mais aussi leurs ventes respectives, etc. Par la suite, quand Meilleurs Agents lancera en 2013 un service permettant de cliquer sur une station de métro pour obtenir le prix moyen du mètre carré à cette station – créant de ce fait un comparateur où l'on voyait Invalides en tête à 14 330 euros le mètre carré et Saint-Denis Université en queue à 3 005 euros –, ce sera encore du référencement : la société essaie de s'attirer les vendeurs sur des requêtes « immobilier + station de métro ». Enrobé dans un service ludique et nouveau.

DANS LE DUR SUR LE TERRAIN

Durant tout ce temps consacré à la data et au Web, le reste de l'équipe a avancé sur d'autres fronts. Les cofondateurs se sont mis d'accord pour dire que le numérique ne suffisait pas et qu'il fallait avoir des premiers résultats tangibles, des vrais clients en chair et en os pour être crédible le jour du lancement. Dans le modèle économique initial de Meilleurs Agents, il y a le mandat exclusif partagé (MEP) que doivent signer les agents immobiliers et par lequel ils reversent une commission au site en cas de vente d'un bien *(voir chapitre 2, p. 37)*. Pour pouvoir s'appuyer sur un chiffre symbolique, il est décidé que Meilleurs Agents devra avoir 100 agences clientes et signataires du MEP à la rentrée. Nous sommes alors en avril 2008 et Pascal Boulenger, le professionnel de l'immobilier, vient tout juste de quitter son job précédent pour rejoindre l'équipe à plein temps. Le site Internet, lui, ne sera lancé qu'en septembre et la première conférence de presse aura lieu quelques semaines plus tard. Avec un acolyte, Stéphane de Lencquesaing, commercial qui vient lui prêter main-forte, il se lance dans la bataille. N'ayant rien à montrer à ses prospects sur le Web puisque le site Meilleurs Agents n'existe pas encore. Charge à lui d'expliquer aux agents immobiliers que le site sera en ligne dans quelques mois, de leur vendre un produit qui n'est pas encore sur le marché. Julien Cheyssial lui a fait une copie d'écran de ce que pourrait être la carte des prix. Une page avec trois parcelles cadastrales colorées, accompagnée de trois petits paragraphes qui expliquent le concept. On a connu des argumentaires plus percutants. En revanche, pas sûr qu'il y ait eu des démarcheurs plus convaincants et plus convaincus de leur produit. Pascal Boulenger fait jouer à fond son réseau immobilier. Il obtient des rendez-vous parce que les agents immobiliers le connaissent, parce qu'ils lui accordent du crédit, parce qu'il a fait le même métier qu'eux. Et tout le monde parle le même langage : si un agent prétend qu'il n'a « aucun problème pour rentrer des mandats », il est permis de le mettre en boîte gentiment. Parce qu'on sait que ce n'est pas vrai. Qu'obtenir des mandats est la grande difficulté de ce métier. Les professionnels comprennent qu'il va y avoir un outil d'estimation en ligne, que des propriétaires vont venir y estimer leur bien, probablement parce qu'ils ont l'intention de le vendre, que Meilleurs Agents va ensuite appeler ces futurs vendeurs, qualifier leur projet et leur organiser des rendez-vous pour leur permettre de rentrer des mandats. Sans qu'ils aient rien à payer, si ce n'est d'accepter de signer le mandat exclusif partagé, de partager leur commission en cas de vente et de communiquer régulièrement leurs références de ventes au site.

LE MIRACLE DES DÉBUTS

Sur le papier, c'est gagnant-gagnant ; dans la réalité du porte-à-porte, c'est beaucoup moins évident. Beaucoup d'agents immobiliers sont sceptiques. Certains rigolent carrément. D'autres signent sans forcément avoir « tout compris », mais parce qu'ils font confiance à Pascal. Un vrai travail de fourmi, rendu d'autant plus épineux que Meilleurs Agents exige que les professionnels se conforment à un cahier des charges très strict et leur demande d'être transparents sur toutes leurs ventes depuis dix-huit mois. Pour donner une petite touche de style cossu à la prospection, les contrats « MEP » sont imprimés sur du papier épais, gaufré, blanc cassé, rangé dans des pochettes classieuses frappées du logo Meilleurs Agents. Pascal Boulenger et Stéphane de Lencquesaing travaillent dur, mais les débuts sont compliqués. Intervient alors Michael Aguilar, spécialiste de la formation des commerciaux, auteur de plusieurs livres sur le sujet. Michael, qui a sympathisé avec Sébastien lors d'un séjour au ski, rend visite à son copain et propose de « muscler » le discours commercial à destination des agences immobilières. «Vous êtes trop gentils, votre offre c'est de la bombe. Il faut faire comprendre aux agences qu'il n'y aura pas assez de place pour tout le monde. Mettre de l'urgence. Sans ça, elles vont vous balader sans jamais signer. » L'intervention de Michael, devenu depuis conférencier star, a été plus que salutaire. Pascal et Stéphane signent désormais avec des agences au rythme d'environ une par jour, parfois par grappes quand un agent immobilier en contrôle plusieurs. Et ils finissent par atteindre l'objectif en dépassant la barre des 100 agences signataires juste avant le lancement du site Internet. « Ce sont les miracles qui peuvent se passer en début de création de boîte quand on a cette flamme de l'entrepreneur un peu foufou qui se dévoue corps et âme », évoque Pascal Boulenger avec un zeste de nostalgie.

À la rentrée, toutes les conditions sont réunies pour le lancement du site Internet. L'équipe rassemble ses petits cailloux autour d'elle :

« La carte des prix ?

– C'est tout bon.

– Le référencement ?

– Je m'en porte garant.

– L'architecture technique ?

– Tu es debout dessus.

– Le plateau téléphonique ?

– Opérationnel, mon colonel.

– Les 100 agences ?

– Si tu ne nous arrêtes pas, on va bientôt être à 110. »

Lancement nocturne un peu à l'arrache…

La mise en ligne elle-même, qui aurait pu être un grand moment festif, va s'avérer un peu plus… nocturne. Elle intervient après 48 heures de charrette ininterrompue.

Certains ont fait des siestes sous leur bureau pour se reposer tant bien que mal. On révise les derniers textes avec les yeux plus ou moins en face des trous. La date butoir a été fixée au 22 septembre et nous sommes déjà dans la nuit du 23 au 24. Un peu avant 3 heures du matin, l'informaticien Nicolas Mussat appuie comme par mégarde sur le bouton. Il réalise ce qui vient de se passer et s'écrie à la cantonade : « On est *live* ! » Une sortie un peu non contrôlée… mais de toute façon, un site n'est jamais parfait, il bugge toujours au départ. Et puis, s'il est parfait, c'est qu'il est lancé trop tard. En quelques semaines, le portail atteint les 10 000 visiteurs uniques par semaine. La première grosse fête aura lieu quelques jours plus tard avec des copains, la famille, des business angels ayant investi dans l'entreprise. Les fêtes seront un des marqueurs de Meilleurs Agents, mais cela est encore une autre histoire.

« Ce que j'en retiens », par Sébastien de Lafond

Il y a vraiment deux temps dans ces neuf premiers mois. De janvier à mars, nous sommes vraiment en mode « brainstorm », pour trouver le bon modèle. Nous savons déjà que notre mission est de faciliter la vente immobilière des particuliers. Mais nous hésitons beaucoup sur la solution. Deux Français sur trois tentent de vendre sans agent immobilier. Devons-nous fabriquer le Particulier à Particulier du XXIe siècl e ? Ou plutôt guider les particuliers vers les agents immobiliers, plus efficaces, mais de qualité inégale, et mal aimés des propriétaires. Nous penchons un moment pour la chèvre *et* le chou, il y aura Plugle pour les particuliers qui veulent vendre en direct et Meilleurs Agents pour ceux qui veulent passer par un professionnel. Mais en allant pitcher auprès de Paul Mizrahi, un des cofondateurs du courtier en ligne Fortuneo, ce dernier nous dit : « Votre truc est trop compliqué, je n'y crois pas. » D'ailleurs, il n'investira pas. Mais nous suivrons son conseil, et nous choisirons notre camp, par mesure d'efficacité et de simplicité. Meilleurs Agents aura pour mission d'aider les particuliers à réussir leur vente grâce à la transparence sur les prix et à la mise en relation avec les Meilleurs Agents immobiliers. Exit la vente en direct, populaire mais inefficace dans une majorité de cas.

À partir du mois d'avril, nous avons les idées un peu plus claires et tout va s'enchaîner à un rythme effréné.

Quand on voit que nous avons réalisé notre levée de fonds auprès des business angels puis monté un site entièrement fonctionnel avec carte des prix à Paris, outil d'estimation en ligne et partenariat avec 100 agences locales, le tout en six mois, cela laisse songeur. Douze ans plus tard, dans une entreprise de 300 personnes avec des ressources considérablement plus importantes, tout est paradoxalement plus long. Il nous faut aujourd'hui près de neuf mois pour lancer un nouveau produit. C'est la conséquence d'un héritage technique – les tech appellent ça la *dette* – et de méthodes de travail élaborées où l'on sonde clients et utilisateurs et où on teste presque tout avant de lancer le produit final. Tout ça est très bien, mais nous n'aurions jamais pu monter Meilleurs Agents avec de telles méthodes. Les quatre fondateurs ont gardé une forme de nostalgie de cette période de créativité intense, où il n'y avait aucune barrière entre leurs idées, leurs intuitions et le site. Je me souviens avoir demandé à Julien : « Bon, maintenant on va écrire une *roadmap* fonctionnelle pour monter le site ? » Et lui de me répondre : « Ben non, pas besoin, on discute, on se met d'accord et on code, ça va être cool. » J'étais assez incrédule, et c'est pourtant comme ça que ça s'est passé.

Des profils comme Julien, Jordan, Pascal ou Nicolas Mussat étaient capables de réaliser des trucs incroyables avec deux bouts de ficelle et un brief minimal. Un commando au sein duquel chacun connaissait parfaitement l'ensemble de la mission tout en étant un crack dans son domaine. Probablement la plus dure et la plus belle période de toute l'aventure.

Chapitre 5

Stratégie médiatique et coups de génie

Ou comment devenir une marque grand public sans budget publicitaire

La carte des prix est au point, le site Internet a été lancé en septembre 2008, les business angels ont mis quelques centaines de milliers d'euros dans la société pour lui permettre de décoller, reste maintenant à faire découvrir l'offre de Meilleurs Agents au grand public. C'est ce que la société va réussir à faire en quelques coups de cuillère à pot. Une première conférence de presse percute tout de suite les médias, que le lancement d'un baromètre mensuel fidélise ensuite. Deux ans plus tard, en octobre 2010, un cap supplémentaire de notoriété est franchi grâce à un reportage dans l'émission « Capital » sur M6. Entre-temps, l'opération « Mètre Carré », géniale trouvaille de street marketing, a propulsé Meilleurs Agents au cœur d'une émission de Laurent Ruquier. Explication de la stratégie de communication qui a fait de la marque une référence… sans quasiment débourser un sou.

Un sondage pour appâter les médias

Les médias sont d'abord convoqués classiquement à une conférence de presse de lancement. Avec ses cofondateurs sur leur 31, et Sébastien de Lafond en tête de gondole,

Meilleurs Agents présente son concept et sa méthodologie d'estimations de prix. À quoi s'ajoute – grande première ! – sa carte des prix de l'immobilier à Paris dont les zones de couleur verte, orange, rouge, matérialisent les fourchettes d'estimations. Lorsque cette présentation se déroule à l'hôtel Meurice, rue de Rivoli à Paris, le 24 septembre 2008, la société n'a que quelques jours de visibilité au compteur et le nombre de visiteurs uniques sur son site Internet ne dépasse pas quelques centaines. Pourtant, l'événement attire déjà du beau linge : France Inter, *Le Figaro*, *L'Expansion*, *Mieux vivre votre argent*, *60 Millions de consommateurs*, *Les Échos*… Sans compter tous les journalistes qui ne peuvent venir mais vont relayer l'information. Parmi eux, ceux du *Revenu*, de franceinfo et, excusez du peu, de l'Agence France Presse. Comment s'explique un tel engouement pour un Petit Poucet à peu près totalement inconnu ? La réponse tient au fait qu'au menu de la conférence on trouve aussi l'Ifop, et que l'invitation est assortie de la promesse de voir Frédéric Micheau, directeur des études, dévoiler les résultats d'un sondage sur « Les Français et l'immobilier ». Le genre de produit d'appel dont toutes les rédactions en chef savent qu'il va permettre de faire des titres et de remplir des colonnes. Et qu'il ne faut pas en laisser l'exclusivité aux confrères.

L'idée de ce sondage trouve sa source quelques semaines avant la conférence. Parquet au sol de son bureau, grande table blanche entourée de trois fauteuils gris, immense écran digital au mur, paperboard pour le tribut à l'ancienne économie, Jean-Christophe Latournerie, l'un des associés de l'agence de communication Rumeur publique, cherche dans les replis de ses serveurs informatiques les archives concernant Meilleurs Agents. C'est lui qui a concocté la conférence de presse de l'hôtel Meurice et peaufiné les relations presse de la start-up durant les années suivantes. Il était entré en contact avec Sébastien de Lafond par l'intermédiaire de Bernard Liautaud, l'un des fondateurs de Business Objects, qui se trouve être un ami de Sébastien et qui lui avait recommandé l'agence Rumeur publique et son fondateur Christian Giacomini, dont Latournerie est un associé. Ce que lui avait demandé Sébastien de Lafond était d'une simplicité biblique : il faut qu'on se fasse connaître, mais nous n'avons pas de budget com', comment fait-on ? Le premier conseil que lui avaient donné Giacomini et Latournerie était le suivant : pour prendre la parole, il faut produire un contenu qui intéresse, avoir quelque chose à dire. Quoi de mieux qu'une belle étude sur les Français et l'immobilier ?

LA PRESSE MORD À L'HAMEÇON

Il faut dire que les résultats du sondage sont sans équivoque : « 78 % des Français estiment que le marché de l'immobilier va mal », « 85 % pensent que les prix sont actuellement surévalués », « 93 % des acheteurs cherchent les bonnes affaires en dessous du prix indiqué », « 56 % des propriétaires accusent les agences de surévaluer les prix »… Avec tout cela, il y avait du grain à moudre. Pour faire parler quand même de Meilleurs Agents, l'agence de presse a préparé un topo de 10 pages expliquant le concept de la société, ce qu'on appelle des « éléments de langage ». Meilleurs Agents y est présenté comme un « courtier en agents immobiliers » qui « vient en aide aux propriétaires d'immobilier résidentiel souhaitant vendre leur bien dans les conditions optimales de prix, de durée et de sécurité ». Il est indiqué que l'entreprise a été créée « pour réconcilier les attentes contradictoires des vendeurs et des agents ». Les premiers « aimeraient se faire assister par de bons professionnels, mais ne leur font pas toujours confiance et rechignent à payer une commission ». Les seconds « réclament des mandats exclusifs, mais il est presque impossible de connaître leur efficacité à l'avance et leur image demeure majoritairement négative ». À l'appui de cette dernière phrase, il est fait mention d'un chiffre choc : « 66 % des Français ont une image négative des agents immobiliers. »

« Mauvaise image », « attentes contradictoires », « réconciliation » entre les vendeurs et les acheteurs, nouvelle start-up innovante pour traiter cela… : voilà du pain bénit pour la presse. Du jour au lendemain, les articles pleuvent sur la jeune pousse, repris le jour même sur Lefigaro.fr et sur RTL. Mention sur le site Capital.fr le lendemain, article dans Lesechos.fr avec une citation de Sébastien de Lafond, deux pages sur le site Nouvelobs.com, encadré dans une page immobilière de *20 Minutes*, analyse dans *Le Bien public* et on en passe. La palme revenant à Virginie Jacob dans son article sur Votreargent.fr. Elle voit plus loin que le sondage et met tout de suite le doigt sur la spécificité de Meilleurs Agents : « Un nouveau site pour estimer son bien au juste prix », titre-t-elle avant de développer : « À l'heure où le prix proposé est plus que jamais un facteur essentiel dans la réussite et la rapidité de la transaction, Meilleurs Agents propose une nouvelle méthode permettant de déterminer ce dernier. » « Un seul regret, ajoute la journaliste perspicace : ce service n'existe qu'à Paris intra-muros. » Il suffit de demander : la carte des prix sera étendue à l'ensemble de l'Île-de-France l'année suivante, puis aux principales villes de province. Dans la semaine qui suit la conférence, le site de Meilleurs Agents engrange 15 187 visiteurs uniques dont 42 % de trafic

direct, 26 % provenant de Google et 11 % de Votreargent.
fr. Depuis, le trafic n'a jamais cessé d'augmenter. La barre
des deux millions de visiteurs uniques par mois sera
franchie en septembre 2019, ce qui est beaucoup pour un
site de contenus de prix.

Histoire du baromètre qui a devancé les notaires

Pour battre le fer pendant qu'il est chaud, l'idée d'un
baromètre mensuel proposant un indice des prix de l'immobilier parisien accompagné d'analyses surgit d'une
discussion entre Dominique Thiébaut, ami de la famille,
passionné de stats et journaliste à *Challenges* et Sébastien
de Lafond. Il sera publié pour la première fois en
novembre 2008, avec des données sur les prix d'octobre.
Pour mémoire, à l'époque, la seule source d'information
fiable sur les prix de l'immobilier était celle des notaires
qui publiaient leurs résultats une fois par trimestre… et
six mois après la bataille. Du jour au lendemain, le grand
public dispose d'estimations du marché presque en direct.
Le baromètre instaure un rendez-vous innovant qui
génère une reconnaissance en termes d'expertise. De fait,
il va devenir une base de données incontournable pour
les dossiers immobiliers de multiples journaux. Les deux
premières analyses accompagnant les tableaux sont rédi-
gées par Sébastien de Lafond. Le prix moyen de l'immobilier ancien à Paris indiqué par le baromètre est alors de
6 478 euros par mètre carré… Les suivants seront rédi-
gés chaque mois par Jean-Christophe Latournerie, suivant un brief que Sébastien de Lafond lui communique
en général lors d'un rendez-vous physique en début de
mois. Au fil du temps, les réunions s'élargissent à d'autres
personnes, et notamment à Thomas Lefebvre, l'actuel

directeur scientifique de Meilleurs Agents, celui qui a pris la succession de Sébastien comme porte-parole auprès des médias. C'est ce doctorant qui fournit le charbon du baromètre et qui en étaye les conclusions. Il arrive avec ses chiffres sous le bras et on le taquine un peu parce qu'il en manque toujours un au dernier moment…

Preuve de la crédibilité rapidement acquise, le 12 janvier 2009, un magnifique tableau de prix de Meilleurs Agents sert de socle à une page entière du *Parisien* sur le thème de l'accélération de la baisse des prix dans l'immobilier. La société est alors lancée depuis six mois. Elle y est présentée comme « une jeune start-up de courtage immobilier sur Internet ». Sébastien de Lafond partage les citations de l'article avec Laurent Vimont, président de Century 21, dans ce qui préfigure dix ans de relations peu amènes entre les deux hommes. L'histoire de Meilleurs Agents comme bon client de la presse est lancée. La carte des prix interactive qui figure sur le site Internet de la société trouve sa place pour la première fois en février 2011 sous forme papier dans les pages de *L'Expansion*, qui bâtit son « marronnier » immobilier annuel autour des données de Meilleurs Agents. Une bonne partie des journalistes spécialisés pige rapidement le concept de la montagne des prix de l'immobilier escaladée par voie scientifique, ce qui est le credo absolu de Meilleurs Agents. Même si des poches d'incrédulité subsistent, sur le thème : «Vous n'allez pas me raconter qu'avec vos ordinateurs et vos algorithmes vous êtes capables de calculer les prix ! C'est un agent immobilier qui sait cela parce qu'il connaît le quartier, le marché et qu'il a l'inspiration ! On ne peut pas totalement objectiver le prix d'un bien ! » Cette objection dure parfois encore, même si la qualité des estimations de prix de Meilleurs Agents s'est vérifiée avec le temps. On en veut pour preuve que, dans le baromètre, la courbe d'évolution des prix *anticipée* par les algorithmes de la société est systématiquement juxtaposée à celle des prix *réels* que les notaires parisiens fournissent plusieurs mois plus tard. Or les deux courbes se suivent très fidèlement depuis douze ans. Autrement dit, Meilleurs Agents a toujours donné les vrais prix avant les notaires. Plus fort encore, l'extension du nombre d'agents immobiliers clients a peu à peu permis à la plateforme d'obtenir une remontée systématique d'un grand nombre de promesses de vente signées partout en France. Ce gisement de données fraîches exploitées par l'équipe scientifique de Meilleurs Agents a permis de créer des indices de prix pour les dix plus grandes villes de France sans réel équivalent sur le marché. En 2017, la direction des *Échos* et la plateforme signent un partenariat lançant une série d'indices immobiliers, désignés Indices de prix immobiliers Meilleurs Agents-Les Échos, qui font désormais office de cote officielle dans le quotidien économique de référence en France. Une consécration pour les trublions de l'immobilier.

Sous la loupe de l'émission « Capital »

En octobre 2009, la start-up lance son application de « réalité augmentée », un truc marrant qui indique le prix du mètre carré de chaque immeuble à Paris et en Île-de-France lorsqu'on pointe son smartphone sur un bâtiment. En mars 2010, elle publie sa première carte des prix de l'immobilier résidentiel couvrant l'ensemble de la France métropolitaine. Le site absorbe alors 350 000 visiteurs uniques et réalise 60 000 estimations personnalisées chaque mois. Ces mesures d'audience conjuguées aux articles de presse à répétition suscitent la curiosité des journalistes de « Capital » sur M6. Pionniers des reportages économiques en prime time, ils vont pointer leurs caméras inquisitrices sur la petite structure encore fragile. Malgré quelques Cassandre qui leur déconseillent de jouer le jeu sous prétexte qu'ils risquent de se faire « désosser » par les journalistes, les fondateurs de Meilleurs Agents ouvrent leurs portes à « Capital ». Un dimanche soir d'octobre 2010, ils sont tous là, amis, collègues, associés, réunis dans l'appartement de Sébastien de Lafond pour regarder l'émission de télévision. À titres divers, ils ont travaillé pendant plus d'un mois avec les reporters, ouvert leurs portes, mis tout à disposition. L'attente est fiévreuse car « Capital » a une audience qui se chiffre en millions de téléspectateurs. « Désosser » est un peu fort, mais on ne va pas être déçu.

Le sujet s'intitule « La nouvelle guerre des agences immobilières ». Il y est question d'honoraires d'agence, de contrats d'exclusivité, de techniques commerciales nouvelles, de rivalités entre les professionnels. Century 21 et Orpi sont convoqués. La partie concernant Meilleurs Agents débute par ces mots : « C'est derrière ces fenêtres anonymes que sont installés les bureaux du site, etc. » Au fur et à mesure de la diffusion du reportage, Nicolas Mussat, patron de l'équipe technique de Meilleurs Agents, qui est venu évidemment avec son ordinateur portable, commence à avoir des sueurs froides. Réfugié dans la cuisine de l'appartement, il s'emploie comme un damné pour ne pas que son site Web plante. C'est que le trafic explose pendant l'émission tandis que les hackers s'en donnent à cœur joie. « Tiens, puisque cette boîte sort la tête de l'eau, on va lui taper dessus », semble être le mot que se passe cette communauté. Le *geek* repousse les attaques à bout de souris en s'exclamant toutes les trente secondes : « Ça tient ! Ça tient !… » «Une espèce de jeu vidéo très drôle », se souvient l'un des participants. La fin du reportage est moins souriante. L'équipe de Meilleurs Agents a accueilli pour les besoins de l'émission une cliente qui a un appartement à vendre et qui hésite à passer par un agent ou bien à traiter de particulier à particulier. Sébastien de Lafond et son équipe se sont décarcassés pour lui expliquer leur concept de mise en relation avec des professionnels de l'immobilier, les avantages que le vendeur en retire, l'importance de son témoignage pour la start-up. Sauf qu'à la fin, face caméra, tout sourire, la dame s'écrie : « De toute façon, je n'ai pas besoin d'agents immobiliers, je les ai fait venir parce que j'avais besoin qu'ils me confirment le prix, mais pour vendre un appartement, on n'a pas besoin d'agent ! » Ce coup de pied de l'âne apprend aux fondateurs qu'on ne maîtrise pas toujours tout dans les médias. Mais au final, si l'on met de côté l'amertume de la conclusion du reportage, la diffusion s'avère positive. La notoriété du site est boostée. De petite start-up hyper innovante parmi d'autres, Meilleurs Agents gagne ses premiers galons de boîte qui tient la route sur le plan business. Et qui a les épaules pour le grand public.

UN COMMANDO QUI MARQUE LES TROTTOIRS (ET LES ESPRITS)

Auparavant – et c'est une des choses qui avaient tapé dans l'œil de « Capital » –, l'entreprise a défrayé la chronique grâce à un autre coup de génie : l'opération « Mètre Carré ». Cette improbable initiative commando est sortie du cerveau d'Emmanuel François-Eugène, un ami d'enfance et voisin de Pascal Boulenger. Pour convaincre

Meilleurs Agents de la pertinence de son idée, ce publicitaire a tagué un mètre carré de trottoir devant l'immeuble où la start-up a pris ses quartiers au printemps 2008. Après avoir quitté son « cagibi fondateur » de la rue Falguière, elle siège alors rue des Volontaires dans le XVe arrondissement de Paris. Emmanuel François-Eugène a regardé sur le site Internet de Meilleurs Agents combien valait le mètre carré à cette adresse. Devant l'immeuble, à la craie, il inscrit le montant en gros caractères, précédé de la mention « CE MÈTRE CARRÉ VAUT TANT ». Spectaculaire, efficace et racoleur. Plus d'un passant, intrigué, s'arrête. Pas besoin d'être grand clerc pour se douter que si l'on répète l'opération à grande échelle dans Paris, il risque d'y avoir du buzz médiatique. Personne ne sait combien vaut précisément le mètre carré dans son immeuble. Et là, on vous l'apporte sur un plateau, grâce à des méthodes scientifiques révolutionnaires. Pour réussir l'opération de communication, il n'y a qu'à repérer plusieurs dizaines d'immeubles stratégiques – sièges de médias, domiciles de journalistes célèbres, endroits de fort passage comme l'Opéra – devant lesquels on ira inscrire le prix au mètre carré sur le trottoir. Prouvant ainsi par A + B le concept de « prix à l'adresse » de Meilleurs Agents. Les emplacements choisis s'étendent vers l'est jusqu'à la Bastille, mais force est de reconnaître que les XIXe et XXe arrondissements de Paris sont assez peu concernés. La plupart des cibles de l'opération sont situées dans les quartiers ouest de la Ville lumière et sur la rive gauche de la Seine. Mais surtout dans le VIIIe et le IXe, là où sont concentrés les médias.

Le déroulement de l'opération « Mètre Carré » a été minutieusement préparé. À la manœuvre, on trouve Jordan Sanial, l'un des quatre cofondateurs de Meilleurs Agents, l'inventeur-ingénieur-bricoleur, le champion du monde de robotique. C'est lui qui rédige le « Guide du participant » qui sera remis aux trois douzaines de complices (amis, copains, collègues, relations de travail de Meilleurs Agents) qui vont taguer de bon matin les trottoirs de la capitale, le lundi 17 novembre 2008. Tout y est, dans ce guide. La constitution d'équipes de trois personnes et la nomination pour chacune d'un responsable. Le planning. La liste du matériel fourni. Des vues aériennes des emplacements. La technique idéale pour marquer le trottoir (« Chacun sa bombe. Une personne s'occupe des bordures. L'autre personne se charge du texte. ») Et pour finir, un topo sécuritaire : « En cas d'intervention de la police, aucune résistance. Nettoyez simplement le marquage, ce qui se fait très facilement car ce n'est pas de la peinture, mais de la craie blanche en spray. » Petit clin d'œil au passage : la photo aérienne utilisée comme exemple dans le « Guide » correspond à l'immeuble du 14 boulevard Haussmann (la cible étant ici *Le Figaro*), pile en face des locaux où Meilleurs Agents s'installera dix ans plus tard avec 300 salariés. En attendant, Jordan Sanial a profité de l'été 2008 pour peaufiner sa technique de street marquage. En prévision de l'opération, il a acheté différentes sortes de peintures et de craies en spray et a tagué le tour de la piscine de chez ses parents en se servant ensuite d'un Kärcher pour nettoyer. Il ne s'agissait pas de prendre le risque de laisser penser que Meilleurs Agents avait des méthodes de voyous qui détériorent l'espace public…

Laurent Ruquier et toute la grosse artillerie

Sur le plan de la qualité du message, le gros enjeu était d'avoir le bon prix au bon endroit. L'opération « Mètre Carré » portait sur environ 200 adresses réparties par grappes de trois pour illustrer qu'au 12, au 14 et au 16 d'une même rue, les prix sont voisins mais pas identiques. Au pied du 26 rue Bayard, par exemple, où la cible était RTL 2, le prix est de 10 120 euros. Au 22 de la même rue, siège de RTL, il passe à 11 460 euros. De tels montants étaient fournis par le premier algorithme d'estimation de prix de Meilleurs Agents, celui qui avait servi à faire la carte des prix parisiens présentée lors de la conférence de presse du mois de septembre. Le 17 novembre, à l'aube, une quinzaine d'équipes commando s'égaillent dans tout Paris, chacune investie de marquer trois ou quatre grappes de trottoir à la craie blanche selon une cartographie millimétrée. L'après-midi, Laurent Ruquier, sur Europe 1, pose cette question à Sébastien de Lafond au bout du fil : « Devant Europe 1, on peut lire ce prix : 10 880 euros. De quoi s'agit-il ? » La caisse de résonance est phénoménale : des radios et des télévisions font des sujets sur ce nouveau site Internet qui communique d'une façon originale sur les prix de l'immobilier. Le trafic du site fait un bond spectaculaire. En mettant bout à bout l'achat des bombes de craie et des pochoirs et la réservation d'une salle de restaurant pour le petit déjeuner offert aux membres du commando après la bataille, le coup de pub a dû coûter 2 000 euros. Le rapport entre la taille de la société et le bruit qu'elle fait s'avère sans commune mesure. Encore aujourd'hui, nombreux sont ceux qui se souviennent de l'opération sans pour autant être des spécialistes de Meilleurs Agents. Emmanuel François-Eugène, le publicitaire, de son côté, n'a pas facturé un centime à la société de son copain Pascal Boulenger.

Pour la petite histoire, aucun des participants à l'aventure ne s'est fait arrêter par la police. Même si Jordan Sanial et Julien Cheyssial, deux des quatre fondateurs de Meilleurs

Agents, se sont fait courser par un vigile après avoir tagué devant le Cnit. Sur le plan des conséquences officielles, elles n'iront pas plus loin que deux lettres de semonce, l'une émanant du directeur adjoint de l'exploitation de l'EPAD (l'établissement public qui gère La Défense), Jean-Louis Delmas, accompagnée de cinq pages de photos des « dégradations », l'autre par délégation du chef du pôle économique, budgétaire et publicité de la direction de l'Urbanisme de la Mairie de Paris, Philippe Vizerie. On y avertit les fauteurs de trouble qu'ils ne doivent pas recommencer sous peine de dépôt de plaintes cette fois-ci ! Le management de Meilleurs Agents s'était anonymement renseigné auprès de la Mairie de Paris pour connaître les règles et les sanctions. Il savait que les amendes pouvaient être salées si le barème judiciaire était appliqué. Il avait accepté de prendre le risque… en s'entourant de toutes les précautions pour le nettoyage. De son côté, l'agence de presse de Meilleurs Agents, Rumeur publique, n'a plus eu qu'à se baisser pour ramasser le butin médiatique de l'opération.

« Ce que j'en retiens », par Sébastien de Lafond

Notre complicité avec les journalistes n'est pas née du jour au lendemain. Personnellement, je n'avais aucun contact dans ce milieu, et les premières rencontres n'ont pas été très encourageantes. Je me souviens d'une journaliste d'une grande radio nationale qui vient dans nos locaux nous interroger sur notre première étude de marché. Devant le décalage entre la qualité de l'étude réalisée par l'IFOP, institut respecté, et la modestie de nos bureaux rue des Volontaires – nous sommes une quinzaine, quelques tables, des chaises, des PC, zéro déco – la dame, dubitative, me dit : « C'est bien vous qui avez fait réaliser l'étude ? » Cette entame m'a contrarié et je n'ai pas dû être très bon durant l'entretien car nous n'avons jamais entendu parler de nous sur son antenne... Se sont ensuivis quelques rendez-vous avec des journalistes qui me donnaient l'impression de systématiquement chercher la petite bête et de ne donner aucun crédit à mes propos. C'était nouveau pour moi et assez déconcertant.

Au fil des rencontres, je ne sais pas si j'étais meilleur dans ma communication ou simplement plus à l'aise avec le scepticisme congénital des journalistes, mais j'ai commencé à prendre plaisir à les rencontrer et à nouer des relations personnelles qui se révéleront cruciales par la suite. De leur côté, après une phase d'observation, je crois qu'ils ont compris que notre démarche était sincère et rigoureuse, et que nous pouvions devenir une source d'information digne de confiance.

Quelques « figures » des médias auront finalement joué un rôle important dans notre développement. Il y a bien sûr Marie-Christine Sonkin, alors au magazine *Investir*, qui dès 2009 accepte de publier certaines de nos cartes de prix et des indices dans ses colonnes. Huit ans plus tard, c'est elle qui poussera la direction des *Échos* à nouer un partenariat ambitieux avec nous, au risque de contrarier certains acteurs du marché immobilier. Après une période d'observation, Yves Le Grix du *Nouvel Obs* (devenu depuis *L'Obs*), nous a régulièrement mis en avant dans ses dossiers immobiliers. Mais le plus important, c'est le rôle qu'il a tenu lors des déjeuners dans la salle à manger de *L'Obs* place de la Bourse : face à ses invités, des patrons de fédérations ou réseaux immobiliers souvent très critiques de Meilleurs Agents, Yves Le Grix a pris notre défense, tentant d'expliquer les bienfaits de notre démarche pour l'ensemble de la profession. Il ne s'est alors pas toujours fait que des amis. Il y a eu aussi la rencontre avec Isabelle Rey, figure tutélaire de la place, spécialiste du secteur au *Monde* depuis plus de vingt ans, redoutée par tous pour ses saillies et ses prises de positions tranchées. Je la croise à la sortie d'une réunion du Conseil d'analyse économique et social en 2010 et lui lance : « Madame, je suis le président de Meilleurs Agents, vous n'avez jamais repris nos études, alors que d'autres comme Marie Pellefigue au *Monde* ont écrit des papiers élogieux sur nous. » Réponse « Je ne l'aurais pas fait ! » Vlan ! Prends ça dans les dents, jeune blanc-bec ! S'ensuivent quelques échanges assez vifs, dont les observateurs qui nous entourent doivent se dire qu'ils vont m'envoyer pour toujours aux oubliettes du journal. En réalité, pas rancunière, Isabelle Rey m'a rappelé quelques semaines plus tard, nous citant pour la première fois dans un de ses papiers. D'autres allaient suivre. Mais le plus amusant, c'est la fois où la journaliste, pas avare de provocations, me dit : « Mais vous ne connaissez rien à la banlieue. Je suis sûre que vous n'êtes jamais venu à Montreuil ! » Montreuil, son lieu de résidence, je l'ai en effet découvert avec elle, en arpentant les rues du bas Montreuil, ses villas, ses usines reconverties, ses friches... Bref, une relation houleuse mais passionnante.

Je pourrais, je devrais peut-être en citer beaucoup d'autres, Bruno Monier-Vinard au *Point*, l'inimitable Dominique Thiébaut, qui le premier a soufflé l'idée du baromètre mensuel des prix, ses collègues, avec Éric Tréguier et Virginie Grolleau de *Challenges*, Marie Pellefigue et Pauline Janicot, infatigables pigistes pour de nombreux titres, Jérôme Porier du *Monde*, Nick Foster au *New York Times*, Anne-Sophie Vion aux *Échos*, Carole Papazian, Guillaume Errard et Jean-Bernard Litzler au *Figaro*, Tonino Sérafini à *Libération*, Martial You à RTL, Guillaume Sommerer et Sébastien Couasnon chez BFM... Je pourrais en citer 30 autres, mais ceux-là ont été des interlocuteurs réguliers, jamais complaisants, et devenus proches au fil des années puis des alliés objectifs de la construction de la marque Meilleurs Agents. De juin 2019 à juin 2020, l'entreprise a engrangé plus de 2 500 retombées presse.

Chapitre 6

Tout miser sur la science et l'innovation

Ou comment l'approche scientifique dans un secteur qui en était dépourvu a bouleversé l'ordre établi

Le point de départ du modèle d'estimation de prix de Meilleurs Agents est une thèse d'un enseignant-chercheur à Dauphine. Un gros pavé de plusieurs centaines de pages qui nécessite un niveau minimum de licence de maths pour être soulevé. Comme on l'a vu au chapitre 4, cette thèse a été « mise en musique » pour produire une carte des prix que Meilleurs Agents a publiée sur son site Internet en septembre 2008. On sait moins qu'elle a ensuite servi de ferment à toute une série d'innovations scientifiques qui sont devenues la marque de fabrique de la société. Dans ses locaux, se sont succédé un nombre impressionnant de thésards et de chercheurs, dont quelques Russes folkloriques pour faire bon poids. De quoi assurer aujourd'hui à Meilleurs Agents une avance concurrentielle, une « barrière à l'entrée » scientifique à peu près haute comme le Kilimandjaro. Pour comprendre comment l'approche « data science » innerve le quotidien de cette entreprise depuis le début, il faut revenir sur certaines étapes et certaines personnes.

ZILLOW EST ARRIVÉ !

À la fin des années 2000, le Graal en matière d'innovation immobilière se trouve aux États-Unis. Il s'agit du site Internet Zillow qui met en ligne l'intégralité des prix de l'immobilier *coast to coast*. Pas seulement le prix au mètre carré, mais le prix réel en dollars, le prix des transactions maison par maison. Une transparence impossible en France où des restrictions juridiques et psychologiques empêchent de le faire, mais une démarche qui donne des idées. Aussi bien Sébastien de Lafond que Julien Cheyssial – qui a défriché le sujet sur son site Internet révolutionnaire Immoplaza – veulent s'inspirer des Américains. Dans son bureau de la fac de Dauphine, un agrégé de mathématiques lorgne également sur Zillow. Après avoir envisagé de faire sa thèse de doctorat en sciences de gestion sur les *Mortgage-Backed Security* (la titrisation des prêts immobiliers), il a préféré plancher sur la formation des prix de vente. Il maîtrise des ingrédients aussi savoureux que la reformulation informationnelle de l'indice des ventes répétées ou la méthode hédonique d'évaluation marchande des biens différenciés. Quand Meilleurs Agents le contacte pour lui proposer de faire de la recherche appliquée chez eux, il accepte parce que ça l'intéresse. Et un jour par semaine environ, il se rend dans les locaux de la petite start-up.

C'est grâce à lui que la première carte des prix et la première méthode d'estimation des prix de Meilleurs Agents vont sortir des limbes. En appliquant une méthode très simple, en tout cas dans son principe. Il y a un matériau de base que sont les transactions des notaires. Là-dessus, comme avec une machine-outil, on applique les équations du professeur. Elles permettent de calculer des prix *actuels* à partir de ces données de transactions *passées*. Ensuite, des informaticiens codent ces développements mathématiques. Ils sont brassés avec des données cartographiques dans un logiciel générant des cartes, puis le résultat est intégré au site Web. Un peu d'habillage graphique sur la page d'accueil, une bonne communication, un référencement naturel nickel, et le tour est joué. La carte des prix est mise en ligne… et elle cartonne.

Un sérieux nettoyage de la base

Dans la pratique, la réalité est plus complexe. L'idée que les équations et les algorithmes travaillent tout seuls est fausse, surtout dans un secteur comme l'immobilier où il faut choisir de multiples conventions quand on fait des mesures de prix. Quelle que soit sa qualité, une base de données est toujours « sale », elle a tendance à partir dans tous les sens. Son nettoyage a représenté 80 % du temps-machine de la construction de la première carte de prix. On trouvait, par exemple, dans la base de transactions des notaires une maison dont le prix était inférieur à celui d'un studio. Dans le champ de commentaires, il était précisé qu'elle avait été incendiée… Ce n'est pas pour autant qu'il a fallu « déminer » des centaines d'exemples à la main. Mais plutôt penser et écrire de bonnes règles adaptées et vraisemblables pour filtrer la base de données. La deuxième phase la plus chronophage, le cœur du « réacteur nucléaire », a été la modélisation elle-même, c'est-à-dire la traduction en algorithmes des thèses du chercheur. Au final, l'étape de post-processus, la mise en place de garde-fous est intervenue pour éviter, par exemple, qu'un prix sorte à 10 000 euros le mètre carré dans une zone où il n'y avait que du 5 000. À moins que ce ne soit un bien exceptionnel dont le prix était justifié, ce qui pouvait (rarement quand même) arriver. Il a donc fallu doser certains critères de façon artisanale pour fixer les bornes de l'acceptabilité. Est-ce que pour autant les résultats de la carte des prix de septembre 2008 étaient fiables ? Dans la réalité, c'est le marché qui a validé sa fiabilité. Et la réponse dépend des points de vue. Les acheteurs avaient tendance à dire : « C'est trop cher », les vendeurs « C'est pas assez cher. » Mais le fait qu'elle soit devenue une référence prouve qu'elle incarnait déjà un consensus de marché.

CONCENTRATION DE GEEKS

La partie informatique mérite un petit focus en elle-même. Dans les premiers mois de l'existence de Meilleurs Agents, Julien Cheyssial, le « tech » des quatre fondateurs, supervisait toutes les décisions structurantes concernant le système d'information, mais s'occupait aussi bien, sachant coder, de la construction du formulaire pour estimer le prix d'un bien. Et gardait la main sur les pages Web embarquant la carte des prix. Un consultant informatique, Nicolas Grilly, transformait les équations du chercheur de Dauphine en lignes de code. Un autre informaticien, Nicolas Mussat, travaillait plus particulièrement sur l'aspect gestion des comptes clients, la construction du back-office, les relations avec les agents immobiliers. Et c'est avec un autre salarié, Yoann Aubineau, camarade de promotion de Julien Cheyssial à Supinfo, que les développements de la carte des prix ont été réalisés. Yoann Aubineau était notamment particulièrement pointu en langage Python, le langage de programmation qui a été retenu pour toute la partie calcul des prix, invisible aux utilisateurs. Le langage Python présente un intérêt pour le calcul des prix en ce qu'il inclut des fonctions pour le calcul scientifique, tout en étant très simple à utiliser. Il permet d'obtenir une rapidité de prototypage et une boucle essai/erreur plus courte qu'un autre langage. Incontestablement, le choix de ce langage qui est devenu l'un des plus utilisés au monde (ce qui n'était pas le cas à l'époque), en particulier dans l'univers de la recherche, a favorisé la stabilité de l'informatique de Meilleurs Agents et le recrutement de ses informaticiens dans la durée.

La conception du « Mille-feuilles »

Quelques mois d'ébullition font donc fumer l'atmosphère au-dessus du bouillon de culture des chercheurs, informaticiens et cofondateurs. Dans une fiévreuse ambiance de start-up, on passe à un premier stade d'industrialisation de la carte des prix et on jette les bases d'une véritable équipe scientifique. L'enjeu est important car tout le monde est bien conscient en interne que la crédibilité de Meilleurs Agents se joue sur le créneau de l'innovation. La société est alors plus connue pour sa carte des prix (le produit d'appel grand public gratuit) que par son mandat exclusif partagé (le MEP destiné aux agents immobiliers et qui rapporte du chiffre d'affaires). En 2009, l'année suivant son lancement, la carte des prix est étendue aux départements de l'Île-de-France, avec toujours le même principe d'estimation de prix à l'adresse. Puis elle s'applique en 2010 à l'ensemble de la France, avec une granularité plus rustique. Pas de prix à l'adresse à Nice, par exemple, au début, ni même par quartier, mais un montant valable pour la commune. En parallèle, Meilleurs Agents sait qu'il va devoir trouver d'autres sources de données que celles des notaires, uniquement disponibles en Île-de-France et qui sont alors complétées par celles d'une grosse centaine d'agences immobilières partenaires qui communiquent, quand elles ont le temps, leurs promesses de vente au site. Cette recherche de nouvelles données fraîches est une nécessité en région, mais s'avérera aussi une idée pré-monitoire pour l'Île-de-France puisque les notaires de cette région finiront par couper le robinet *(voir chapitre 9, p. 143)*. D'abord baptisé du nom de code « Ratatouille » (sympa mais brouillon), puis « le Mille-feuilles » (explicite et plus organisé), le projet va rapidement devenir un très gros dessert. Et même le plat de résistance des années suivantes.

Dans le « Mille-feuilles », il y a des couches de données mais aussi des couches de doctorants. On les alterne au fur et à mesure des travaux et ces derniers sont censés com-pléter leur thèse dans les bureaux de Meilleurs Agents, ce qu'ils ne font pas toujours, hélas ! Emportés par leur âme slave, certains s'envolent en cours de route, comme des personnages de Folon, tel Dmitry Otroschenko, un Russe génial, programmeur hors pair, « techniquement bien meilleur que ses homologues (mais sans doute moins académique) », *dixit* Yoann Aubineau, qui a prêté main-forte à la préparation des données cartographiques et à l'analyse des annonces immobilières… mais a laissé tom-ber sa thèse. D'autres s'accrochent, comme un certain Thomas Lefebvre qui va devenir un pilier de la société. C'est à 22 ans qu'il rejoint Meilleurs Agents, en 2010, dans le cadre d'un doctorat en thèse CIFRE encadré par le mathématicien de Dauphine. Pour mémoire, le dispo-sitif CIFRE financé par l'État permet aux entreprises de recruter de jeunes doctorants pour favoriser la recherche. La thèse de Thomas Lefebvre porte sur la digitalisation de l'économie et du marché de l'immobilier et sur l'évolution du métier d'agent immobilier. Ce n'est pas exactement le sujet de thèse qu'il aurait choisi *a priori*. Mais quand il rencontre l'équipe de Meilleurs Agents pour préparer son contrat CIFRE, l'entreprise a déjà recruté un doctorant pour travailler sur la modélisation des prix : il décide alors de consacrer sa thèse à la contribution des agents immobiliers, réelle ou perçue, à la réussite des transactions. Sujet central pour Meilleurs Agents qui cherche à améliorer le fonctionnement du marché.

NAISSANCE DE L'ÉQUIPE « DATA SCIENCE »

Durant ses trois premières années chez Meilleurs Agents, le futur docteur a partie liée dans le business. Il travaille comme analyste à la direction des Opérations. Responsable du suivi et du développement des indicateurs de performance des activités commerciales de la société, depuis la création de prospects jusqu'à la transaction finale, il s'implique, en parallèle, dans la conception d'outils de prix et de modélisation que développe son tuteur de thèse dans une petite équipe R&D. Il réussit à convaincre Sébastien de Lafond de le laisser rejoindre cette structure de recherche fondamentale et souhaite être remplacé aux Opérations. Quelques mois plus tard, en janvier 2014, il devient le responsable R&D de Meilleurs Agents, succédant au chercheur de Dauphine qui est en train de s'éloigner des fondateurs à cause d'un différend capitalistique. Thomas Lefebvre devient dès lors le boss scientifique de la carte des prix, des outils d'estimation, de l'analyse de l'offre et de la demande, et le manager de projets et d'équipes techniques. Il est depuis 2015 le directeur scientifique de Meilleurs Agents, avec un rôle de pilotage stratégique en lien avec le comité exécutif, et il en est devenu le porte-parole dans les médias. Son ascension est significative parce qu'elle illustre la réactivité du management de Meilleurs Agents quand il s'agit de faire confiance « aux meilleurs » et de les « faire grandir ». Mais surtout, parce qu'il a vu toute la montée en puissance de l'équipe Data Science et qu'il a progressé avec elle.

Cette équipe Data Science a d'abord rassemblé quatre doctorants : deux Russes (le génial et un autre), une chercheuse et Thomas Lefebvre. Elle comprend aujourd'hui près de 28 cracks répartis en deux entités qui travaillent ensemble. Une équipe Science, placée sous la responsabilité de Thomas Lefebvre, s'occupe de modéliser le marché de l'immobilier. Ses membres sont pratiquement tous des doctorants et travaillent en lien avec le conseil scientifique présenté plus bas. Ce sont eux qui concoctent des algorithmes et qui inventent de nouvelles technologies pour affiner les calculs de prix, réduire les erreurs, intégrer les paramètres locaux. En parallèle, une équipe Data, placée sous l'autorité de Rémi Ferrez, met en musique et industrialise ce que l'équipe Science a validé. À ses data-ingénieurs de faire en sorte que les modèles tournent sur un site Web à forte audience et que les outils ne cassent pas. En transversal – et un peu en dehors de la recherche proprement dite, même si c'est lié –, l'organisation de Meilleurs Agents comprend une troisième équipe dite « Business Intelligence » disséminée dans l'ensemble des pôles. Son rôle est d'analyser les données business pour évaluer l'impact des produits et des services. Avec ce qu'elle remonte en permanence, l'entreprise peut mesurer tout ce qui concerne des choses aussi diverses que le référencement naturel, les connexions sur le site, le remplissage de questionnaires, les visites par les particuliers des sites d'agences partenaires, les campagnes d'appels téléphoniques qui suivent derrière, bref tous les « taux de transformation ». Et elle peut les optimiser de A à Z avec une approche scientifique.

Un contexte d'information rare

La difficulté pour faire de la science en matière d'immobilier est double. Premièrement, parce qu'on se situe dans un contexte d'information rare, à savoir qu'un même bien se vend rarement. Deuxièmement, parce qu'il n'y a pas deux biens identiques, que l'hétérogénéité des appartements et des maisons est totale, et qu'un bien évolue avec le temps (et sinon lui, son quartier et son environnement). La conséquence logique est que pour arriver à tirer des règles générales de situations locales aussi spécifiques, il faut des mathématiques de compétition. Pour qu'une estimation de prix soit faite proprement, cela demande la maîtrise de dizaines et de dizaines de paramètres et de comparatifs et de redressements. Il faut aussi des logiciels costauds, car si les informations sont rares, leur champ d'application est considérable : le marché français représente 35 millions d'unités d'habitation (appartements et maisons) sur lesquelles on compte environ un million de ventes par an (même pas 3 % du parc). À Paris, on est dans l'ordre de grandeur des 40 000 ventes les belles années sur 1,2 million de biens. Il y a des immeubles de la capitale où il n'y a pas eu de transaction depuis plus de trente ans. Cela ne veut pas dire qu'il n'y a pas de prix, mais qu'il va falloir inventer des outils mathématiques et de modélisation du parc pour estimer ce prix, en affinant constamment la méthodologie et les sources de données. À quoi s'attellent les data-scientists et les doctorants de Meilleurs Agents tous les matins. Depuis douze ans.

Ce qui nous ramène au « Mille-feuilles ». Sa création pour faire suite au premier modèle de calcul des prix répondait à deux nécessités : agréger de nouvelles sources de données et capitaliser sur tout ce que la société avait appris depuis ses débuts. Elle avait vu remonter des imperfections par-ci par-là, des enjeux de maniabilité, de complexités un peu mal placées. Il devenait nécessaire de penser un deuxième « moteur » de calcul des prix plus industrialisé, peut-être un peu moins « agile » et astucieux que celui implanté initialement sur la base « Bien » des notaires, mais plus pérenne. Et comme les notaires ont cessé de fournir leurs données en 2011, cette évolution est devenue vitale. Le fait d'être privé de la ressource première a forcé le passage à un deuxième modèle qui brasse aujourd'hui onze couches de données différentes, en langage informatique des « *layers* » : transactions des agences partenaires, base des transactions communiquées par l'État (demandes de valeurs foncières), annonces immobilières, chiffres Insee sur le parc immobilier et les revenus des ménages, renseignements fournis par les particuliers qui estiment leurs biens sur le site… Sans oublier les données des notaires franciliens, qui sont redevenus partenaires de Meilleurs Agents après quelques années de brouille. L'écriture du « Mille-feuilles » avait pris à l'époque sept à huit mois et bien occupé les vacances d'été de certains. L'investissement en valait la peine puisqu'en 2020, il est toujours en vigueur.

AVEC LES COMPLIMENTS DE LA FACULTÉ

C'est à peu près à la même époque que Sébastien de Lafond décide de créer un conseil scientifique. L'équipe a besoin de s'entourer de cautions académiques pour valider ses travaux de recherche et l'aider à prendre des décisions.

Les premières approches permettent de faire entrer dans le circuit Denis Allard, un chercheur de l'Inra qui travaillait sur les forages de diamants et de pétrole et qui va relever sérieusement le niveau de la boîte en matière de statistiques géospatiales. Puis, entre autres sommités, le conseil scientifique s'ouvre à Michel Baroni, qui le présidera, un professeur de finances et doyen de l'Essec, grand spécialiste devant l'Éternel de la recherche sur les indices immobiliers. C'est lui qui sera sollicité et qui validera la méthodologie quand l'entreprise lancera un indice des prix de l'immobilier avec *Les Échos*. Étienne Wasmer, alors professeur d'économie à Sciences Po, figure reconnue internationalement de la recherche en micro-économie, avait de lui-même contacté Meilleurs Agents dès 2011 pour explorer des pistes de collaboration avec l'équipe sur des sujets immobiliers. Il rejoindra le conseil en 2016, tout comme Julien Randon Furling, physicien et maître de conférences en sciences mathématiques à la Sorbonne et aujourd'hui à Columbia, spécialiste de la modélisation des systèmes et des données complexes… et enfin Frédéric Pascal, professeur à Centrale Supélec et coordinateur du laboratoire d'intelligence artificielle. Bref, on peut parler de la crème de la crème en matière académique, difficile d'avoir une équipe plus solide.

Le conseil se réunit en général deux fois par an sous forme de journées plénières. Son objectif est de définir la politique de recherche de la société. Typiquement, en juin 2019, la réunion a porté sur la base de données « Demandes de valeurs foncières » (DVF) que le fisc avait mise en ligne deux mois plus tôt et qui répertorie les transactions immobilières en France. Meilleurs Agents effectue une présentation, évoque des pistes, les universitaires réagissent, lancent des idées et après, en fonction des suggestions, on prolonge cela éventuellement par des face-à-face. Sachant que les membres du conseil sont souvent les directeurs de thèse des doctorants qui travaillent chez Meilleurs Agents et qu'il y a donc des interactions à plusieurs niveaux. Quand on lui demande si cette collaboration entre le monde académique et le business privé *via* des thèses CIFRE a tenu ses promesses, Michel Baroni répond qu'il s'agit d'un dispositif gagnant-gagnant. Il estime que Meilleurs Agents dispose de données très intéressantes sur lesquelles il peut y avoir des sujets de recherche à développer sous forme de thèses et que, du coup, l'accès à ces données intéresse le monde académique. Meilleurs Agents, de son côté, assoit ses fondements scientifiques et recueille des avis éclairés. Dans un contexte de financiarisation et d'autonomie des universités, l'intérêt réciproque semble clair.

VERS L'INTELLIGENCE ARTIFICIELLE, NATURELLEMENT

Et le Big Data ? Et le Machine Learning ? Et l'intelligence artificielle ?… Pour le Big Data, le problème pourrait sembler vite réglé du fait de la notion d'information rare évoquée plus haut. Par définition, l'information rare ne peut pas être du Big Data, à moins qu'on se trompe. Le Machine Learning, en revanche, a embarqué Meilleurs Agents, comme tant d'autres, dans son train fou. Le site a lancé en juillet 2019 un algorithme de Machine Learning pour affiner ses fonctionnalités d'estimation. Il en a profité pour intégrer les données DVF (Demandes de Valeurs Foncières, mises en ligne par l'État) à son « Mille-feuilles ». En attendant que l'intelligence artificielle couplée au Machine Learning délivre toute sa puissance en matière de recherche immobilière, arrêtons-nous un instant sur une théorie plus ancienne, puisqu'elle date des années 1970. Il s'agit de la méthode hédonique. Elle peut donner une idée des recherches en cours.

La méthode hédonique est assez utilisée dans le domaine de l'automobile. Elle part du principe qu'un bien ne vaut pas par lui-même, mais par la somme des valeurs de ses parties, par le prix qu'on donne à chacune de ses caractéristiques. Le corollaire de cela, c'est qu'estimer la valeur d'un bien immobilier revient à estimer la valeur de chacune de ses caractéristiques. Ainsi, un bien dans le XVe arrondissement de Paris vaudra 500 000 euros parce que :

- le fait qu'il soit situé dans le XVe vaut 350 000 euros ;
- on ajoute 50 000 euros parce qu'il a trois pièces plutôt que deux ;
- on ajoute tant pour l'étage, pour les deux salles de bains, pour le parking, le balcon, etc.

Ces modèles statistiques ne sont pas les plus compliqués du monde dans la mesure où ils établissent une relation linéaire (ou à peine plus complexe que cela) entre le prix d'un bien et ses caractéristiques. En gros, jusqu'en 2015, Meilleurs Agents appliquait cette théorie hédonique sur le marché et écrivait ses équations en décomposant les prix des biens à partir de leurs caractéristiques. Énormément d'articles ont été publiés dans les années 2000 sur cette théorie, dans lesquels les chercheurs disaient en substance : « Si je rajoute telle variable, cela me permet d'avoir tel gain de performance dans tel modèle. » Au bout d'un moment, on en est arrivé à un stade où l'on s'est dit : « Si je rajoute d'autres variables, je vais introduire des biais. Mieux vaut choisir les 20 variables les plus pertinentes plutôt qu'en introduire 80. » Et globalement, la littérature de recherche s'était un peu tarie dans le domaine de la méthode hédonique.

Un algorithme qui voyage en France

L'arrivée de nouvelles technologies et de nouvelles puissances des ordinateurs couplée au développement du Machine Learning et de l'intelligence artificielle a donné un coup de fouet à la discipline. Il est devenu possible de faire des calculs plus poussés que par le passé sur des bases de données plus profondes. Et surtout de dépasser le type d'approches que peut avoir un être humain, même un expert, quand il essaie d'estimer un bien. Normalement, un particulier va passer l'après-midi à chercher des biens comparables dans les bases de données qu'il connaît. Par exemple, pour une maison dans la banlieue de Toulouse, il va chercher les prix d'autres maisons dans la banlieue de Toulouse sur plusieurs sites Internet. L'algorithme « méthode hédonique-*Machine Learning* » travaille un petit peu différemment : il va chercher les biens similaires qui *selon lui* (un peu guidé, un peu entraîné par les chercheurs) *ressemblent* à la maison à estimer. Mais il ne s'arrête pas à la banlieue de Toulouse. Il va scruter aussi le prix de maisons dans des villes lointaines, en banlieue de Nancy, par exemple, comparaisons qu'un humain ne ferait pas. Ou, en tout cas, ne ferait pas en quelques centièmes de seconde. Quel intérêt y a-t-il à comparer des maisons dans les banlieues de Nancy et de Toulouse ? Il peut y avoir des points comparables, des phénomènes de marché similaires qu'un individu ne peut pas appréhender. Tel est le nouveau souffle des approches, obtenu par la combinaison de la méthode hédonique et du Machine Learning. Meilleurs Agents a un thésard qui travaille sur ces sujets en vue de diminuer considérablement les marges d'erreur d'estimation de prix.

Loyers : attention, ça va secouer

Autre nouveauté : Meilleurs Agents doit sortir avant la fin de l'année 2020 un outil d'estimation des loyers qui risque de donner une bonne petite claque à l'indice Clameur, référence autoproclamée en la matière. Toute la grosse artillerie de Meilleurs Agents (technologies, datas, méthodos) a été déployée pour fabriquer des indices de loyers plus fiables que ce qui existe jusqu'à maintenant. Les travaux de recherche ont été conduits par une équipe pendant deux ans. Les produits sont prêts et robustes sur un plan mathématique et théorique. Leur codage, leur mise en œuvre sur le site et leur industrialisation suivront. 42 % des Français sont locataires et vont pouvoir s'y référer.

« Ce que j'en retiens »,
par Sébastien de Lafond

La première fois que je me suis intéressé au marché immobilier comme sujet potentiel pour créer un business, nous sommes en 2007.

Après avoir constaté la difficulté assez incroyable pour un particulier d'obtenir des informations précises sur les prix, la valeur des biens, les volumes de transaction par quartier, bref la base avant de se lancer dans un projet d'acquisition ou de vente, je décide de creuser le sujet sur le plan académique. Et là, alors que cette industrie génère près de 15 % de la valeur ajoutée de l'économie française (trois fois plus que les activités financières, par exemple), eh bien il était pratiquement impossible de trouver des papiers de recherche académique sur ce secteur.

Des tonnes d'articles de journaux, avec des éditions saisonnières, les « marronniers » et leurs lots de commentateurs professionnels citant des chiffres invérifiables et souvent contradictoires, nous en avons tous lu. Mais on ne trouve pratiquement pas de recherche pour comprendre les ressorts du marché immobilier, ce qui fait baisser ou monter les prix, les liens entre prix et taux d'intérêt, l'efficacité réelle ou supposée des agents immobiliers et j'en passe. Sur tous ces sujets, c'est aux États-Unis, parfois en Grande-Bretagne que je récupère des études scientifiques. Plus incroyable encore, nous sommes en 2007 et il est impossible de trouver un indice officiel sur l'évolution des prix immobiliers pour les dix plus grandes villes de France. Il faut se contenter des indices Insee pour la France entière, Paris, Lille ou Marseille. Pour Lyon, Bordeaux ou Toulouse, vous repasserez !

Le constat est pour moi sans appel : nous sommes face à un mastodonte économique, au cœur des préoccupations familiales et patrimoniales des Français, presque totalement laissé en friches en matière de statistique officielle et de recherche académique. C'est étrange et à la limite inquiétant, mais représente aussi une formidable opportunité. Nous allons monter un business dans l'immobilier, dont le fondement sera la recherche scientifique au service de la transparence et donc de la confiance. À l'heure où j'écris ces lignes, le 1er août 2020, les éditions matinales de franceinfo, France Inter, Europe1 et CNews, en plus de la presse écrite, viennent de faire un sujet sur l'évolution des prix immobiliers, citant tous les indices Meilleurs Agents-*Les Échos*. Et j'ai un peu le sentiment que notre pari de la science, pas toujours perçu ou compris dans nos premières années, est la clé de voûte de notre construction.

Une fois que vous faites le pari de la rigueur scientifique, il faut en accepter toutes les conséquences. Et elles ne sont pas toutes agréables. Parfois, vous n'avez pas assez de données pour afficher un prix, alors vous ne mettez rien. Dommage, ça aurait pu générer un lead… Parfois, vous avez des données, mais vous n'êtes pas très sûr du résultat, alors vous décidez d'afficher un indice de confiance, le plus faible à 1, le meilleur à 5. À beaucoup d'endroits sur nos cartes des prix, nous affichons 1, pas très encourageant... En 2011, nous inventons un nouvel instrument, l'Indice de tension immobilière (ITI), qui mesure localement le rapport de force entre vendeurs et acheteurs. Cet ITI s'avère un excellent prédicteur de l'évolution des prix pour les six ou douze prochains mois. Problème, mi-2011, tous nos ITI montrent que le marché va se retourner et les prix baisser, et ça ne s'arrangera pas avant la fin 2015. Pas facile de le communiquer à vos futurs clients... Un peu démoralisant, non ? Et pourtant, c'est bien le fait d'avoir été les plus intègres possible (pas infaillibles, mais fidèles aux résultats de nos recherches) dans notre communication, qui, je crois, a construit la confiance auprès des propriétaires et des médias.

C'est en faisant le pari sincère de la science que vous pouvez, dans la durée, attirer les bons profils. J'ai pu noter la surprise, pour ne pas dire l'incrédulité de nombreux observateurs, y compris dans de grandes entreprises cotées, devant la qualité et la taille de notre équipe de data-scientists, ces profils si difficiles à recruter, sans parler de notre conseil scientifique. La science de la donnée n'est pas venue s'ajouter à notre panoplie, elle est le pilier qui supporte l'ensemble de nos initiatives, de nos innovations, de nos prises de parole. Sans que nous nous prenions plus au sérieux que nécessaire, c'est une vraie *philosophie*, qui a aussi été au cœur de nos décisions de business. Quand nous avons fait plancher notre équipe scientifique sur l'algorithme de séquencement des appels aux particuliers vendeurs, nos taux de contact ont été multipliés par deux. C'est un exemple au cœur de beaucoup d'autres.

Nos relations étroites avec le monde académique, que ce soit au travers des nombreux doctorants CIFRE passés par nous et des thèses qu'ils ont publiées que *via* nos échanges avec les laboratoires des membres de notre conseil scientifique, sont pourtant complètement passées sous le radar de certains publics. Nous aurions voulu mettre cette spécificité en avant, notamment dans les médias, mais le sujet n'a jamais véritablement pris. Les difficultés rencontrées avec l'administration fiscale au sujet du crédit impôt recherche nous ont longtemps donné le sentiment de ne pas être compris, le goût d'une invraisemblable injustice. Peut-on s'appeler Meilleurs Agents, opérer dans l'immobilier et avoir une réelle démarche scientifique ? Certains en ont douté, d'autres ne voulaient pas le savoir.

Mais je ne dois pas conclure sur un regret, le choix de la science était le choix gagnant, élément différenciant de notre stratégie sur le marché français, et j'anticipe sur la suite, clé de notre développement international.

Chapitre 7

Attirer, faire grandir et retenir les meilleurs

Les secrets pour recruter et fidéliser les champions de la nouvelle génération

Rien ne raconte mieux une entreprise que l'évolution de son recrutement. C'est un indicateur *physique* de sa croissance. L'augmentation des effectifs s'accompagne de la structuration des ressources humaines, avec la mise en place de process qui impactent chaque recrue jusque sur son poste de travail. L'arrivée de collaborateurs et de collaboratrices implique des locaux plus grands et entraîne des déménagements, avec ce que cela entraîne comme coûts et risques. Le fait d'être capable de s'attirer des profils recherchés devient ensuite un indicateur de la *vitalité* d'une société. Dans la course aux talents, le fait que Meilleurs Agents salarie fin 2020 environ 300 personnes, parmi lesquelles certains des meilleurs développeurs, Product Managers, data-scientists et commerciaux de la place de Paris, prouve sa bonne santé. Un job de Product Manager ouvert début septembre 2020 a reçu plus de quarante candidatures de qualité en quelques jours. La société est devenue sexy : elle fait briller les yeux des candidat(e)s. Comment s'y est-elle prise pour faire de son recrutement et de son modèle d'intégration un double actif stratégique ?

LES DEUX PREMIERS SALARIÉS

Au départ, en plus des quatre fondateurs, il y a deux salariés chez Meilleurs Agents. Le premier dans l'ordre chronologique d'arrivée s'appelle Nicolas Mussat. C'est un développeur qui avait rencontré Julien Cheyssial (cofondateur) dans une boîte de logiciels où il travaillait et où ce dernier était stagiaire. Un peu plus tard, Julien lui « pitche » le projet de Plugle *(voir p. 35)*, qui deviendra Meilleurs Agents, et Nicolas Mussat rejoint l'équipe pour travailler sur l'architecture informatique de l'entreprise. Ce qu'il fera avec maestria en programmant un back-office performant qui a structuré pendant douze ans la base arrière de la société. Il sera officiellement le premier Chief Technology Officer (CTO) de Meilleurs Agents avant de quitter la société au bout de huit ans pour développer Prose, une start-up de création de shampoings personnalisés qui fait des étincelles aux États-Unis. Le deuxième salarié est Stéphane de Lencquesaing, un commercial chevronné qui accompagne Pascal Boulenger (autre cofondateur et professionnel de l'immobilier lui-même) dans la prospection des 100 premières agences immobilières conduite pied au plancher durant l'été 2008. Lencquesaing arrive en juin 2008, un petit peu après Mussat, mais du fait de l'ordre alphabétique, il est considéré comme le premier sur le plan administratif. Nicolas Mussat ne figure que comme salarié numéro 2 sur les rôles de l'entreprise, ce qui lui vaudra des blagues récurrentes à ses dépens.

Partant de cette époque héroïque, quelle est la situation aujourd'hui ? L'équipe des ressources humaines était placée ces dernières années sous la responsabilité directe de Thibault Remy. Celui-ci ayant pris la présidence de Meilleurs Agents en juin 2020, succédant à Sébastien de

Lafond, il a cédé la DRH à Florie Garnier. Elle pilote une division d'une dizaine de personnes et qui est subdivisée en trois entités :

- un pôle Talents Acquisition (les recruteurs et les recruteuses) ;

- un pôle HR People (HR pour Human Ressources), qui traite l'aspect opérationnel de l'« On Boarding » (l'entrée dans la société) et qui accompagne les salarié(e)s jusqu'à l'« Off Boarding » (la sortie) éventuellement ;

- un pôle Office Management qui s'occupe de la gestion des locaux et des relations avec les prestataires.

TOUT UN ARSENAL DE BIENVENUE

Sous les mots clés employés par les RH, on découvre un certain nombre de pratiques concrètes. Dans le cadre du « Parcours d'intégration », tout nouvel arrivant reçoit un « Welcome Pack » : un sac comprenant de la documentation, des petits goodies ainsi que les « Blue Rules » qui résument le fonctionnement des locaux et les règles de vie en interne. Dès le début, il y a ce qu'on appelle les « One-on-One », des rencontres en tête-à-tête avec les personnes clés que le recruté doit connaître. En fonction du poste, ce seront le top management, des personnes de son équipe, des membres d'autres équipes. Toutes ces rencontres sont fixées dans son agenda dès la première semaine. À côté de ça surviennent les journées « Home Made ». Elles durent deux jours et se déroulent en quatre temps. Au cours des deux matinées, les managers de chaque équipe viennent présenter leurs métiers et expliquer aux nouveaux arrivants comment ils s'insèrent dans l'univers de Meilleurs Agents. Ces journées « Home

Made » ont lieu environ une fois par mois avec tous les nouveaux arrivants du mois. À l'issue de ces deux matinées, les bizuts sont censés avoir en tête une photographie complète de Meilleurs Agents. Les après-midi sont consacrées aux doubles-écoutes : ils s'asseyent à côté d'un commercial pour découvrir comment il travaille. Cela leur permet de comprendre les produits et la manière dont on les vend aux clients. Avant le Covid, on organisait des « Welcome Coffee », cafés de bienvenue avec des jeux de rôle pour présenter les nouveaux arrivants à l'entreprise. Il y a aussi les « Déjeuners Culture » avec Sébastien de Lafond et Thibault Remy et l'un des trois autres cofondateurs, qui permettent au top management de partager sa vision et prendre le pouls des nouvelles recrues.

Si l'on écarte encore le rideau, on réalise que le « Parcours d'intégration » et le « On Boarding » commencent, en fait, dès que la personne accepte une proposition d'embauche. À partir du moment où elle a dit oui, elle est considérée comme un membre de la famille Meilleurs Agents. Or, souvent, ce sont des personnes qui n'arriveront que trois mois plus tard parce qu'elles ont des préavis à accomplir. Durant cette période, le pôle « Talents Acquisition » maintient le lien en leur envoyant des actualités, en les invitant à des événements comme la soirée de demi-année pour partager un moment convivial, en leur faisant suivre des livres dédicacés par le manager. Toute une série de petites attentions pour dire : « Bienvenue chez nous, on t'attend ! » Une fois que la personne est en place, elle a droit aux bilans du premier et du troisième mois. Le premier sert surtout à avoir son retour sur son processus de recrutement et son intégration. À cette occasion, on demande au nouvel arrivant de donner une note à ce qu'il a vécu, le « NPS » (« Net Promoter Score »), afin de savoir s'il est à ce stade plutôt un « détracteur » ou un « ambassadeur » de la maison. Les « NPS » servent ensuite à faire du marketing auprès d'autres candidat(e)s pour leur montrer que ceux et celles qui ont intégré Meilleurs Agents s'y plaisent.

LE « JURY » : SON UNIVERS IMPITOYABLE

Autre rituel : toutes les semaines, chaque manager consacre trente minutes à chaque membre de son équipe pour savoir comment il va, si son moral est bon, s'il peut l'aider à débloquer des situations peut-être complexes. Cette pratique existe évidemment pour ne pas avoir à attendre l'entretien annuel ou semestriel avant de devoir « déminer » quelque chose. De leur côté, au début de leur période d'essai de trois mois, les commerciaux passent par une formation de quinze jours à l'issue de laquelle ils doivent se soumettre à un « jury ». Concrètement, cela signifie être seul au téléphone dans une pièce avec au bout du fil leur manager qui joue le rôle d'un client difficile. Deux collaborateurs, dont un des RH, servent de jurés. Au terme de cet exercice impitoyable, les trois quarts des commerciaux sont recalés. Arme supplémentaire de la panoplie RH, le « MAnniversaire » (prononcer M-anniversaire) consiste en un bilan fait au bout d'un an avec tout nouveau salarié. L'objectif est, gâteau et bougie à la clé, de lui permettre de procéder à une rétrospective de l'année écoulée, d'entériner ce qu'il ou elle a fait, a pu apprendre, doit encore apprendre.

En devenant collaborateur ou collaboratrice de Meilleurs Agents, on entre à la fois dans un labyrinthe, un laboratoire sophistiqué, clairement organisé pour que vous, la petite fiole de produit rare, ne restiez pas seul(e) sur l'étagère. La prise en main par l'équipe des ressources humaines est particulièrement enveloppante. Toutefois, cette phase de « l'expérience collaborateur » ne constitue que la partie émergée de l'iceberg, celle qu'on constate en pratique dans les locaux. En amont, il y a le recrutement proprement dit, ce qui pose la question de la séduction qu'exerce l'entreprise et de la nature des profils dont elle a besoin. En aval, une fois passé le côté sympa des « Welcome Coffee », il y a la fidélisation effective, la rémunération et les possibilités de carrière. Nous verrons des exemples de parcours pour illustrer ce thème. Mais d'abord le recrutement. Qui sont donc ces « meilleurs » que Meilleurs Agents se targue de recruter et de fidéliser ? Comment la société s'y prend-elle ?

COMMERCIAUX ET TECHS, LES DEUX GRANDES POPULATIONS

Schématiquement, on peut répartir les « oiseaux rares » que cherche Meilleurs Agents en deux grandes populations :

- les profils « tech » : développeurs, Product Managers, data-engineers, data-scientists… Dans un contexte d'hyper-concurrence avec d'autres start-up, voire avec des géants qui créent des labs internes, les leviers pour les séduire, en plus du salaire (sachant qu'ils seront bien payés partout où ils iront), sont les technologies utilisées, l'intérêt des missions et des produits, mais aussi, de manière déterminante, la culture et les méthodes de management ainsi que l'impact sociétal de l'entreprise ;

- les commerciaux : dans un contexte d'hyper-concurrence, ils présentent deux complexités supplémentaires par rapport aux techs : d'abord, il faut qu'ils aiment le produit qu'on leur fait vendre et qu'ils y croient ;

ensuite, le cash, les modes de rémunération, l'intéressement, les plans de carrière pour devenir manager d'équipe tiennent chez eux une place primordiale. Tout cela croisé avec une diversité réelle : sociale, académique, ethnique, générationnelle. Un kaléidoscope de profils pour qui l'intérêt du travail et la culture de l'entreprise sont des critères importants, mais pour qui la possibilité de très bien gagner sa vie reste aussi essentielle.

Meilleurs Agents est une entreprise hybride, dont l'avantage concurrentiel repose sur son niveau de rigueur et d'innovation *(voir chapitre 6)* mais qui vend des produits et des services par téléphone de manière assez classique. Les deux populations « tech » et commerciales sont essentielles à son fonctionnement et l'entreprise a créé toute une chaîne de valeur pour attirer et retenir les meilleurs en la matière. Ce défi passe par un gros travail sur la marque, d'autant plus nécessaire qu'à certaines époques la plateforme a souffert de l'image négative auprès des techs de son positionnement dans l'immobilier. L'immobilier, considéré comme statique et poussiéreux, voire archaïque, attirait moins les geeks qu'une start-up proposant un nouveau service B2C de consommation branchée dont ils étaient eux-mêmes utilisateurs. Le fait d'investir dans de la publicité télévisée à partir de 2019 (les spots où l'on voit « Louis XIV » se prendre d'intérêt pour le site, et par la suite ceux du « Grand Sage ») a contribué à moderniser et rafraîchir l'image en créant un halo de réputation autour du nom. Meilleurs Agents a travaillé son positionnement dans la French Tech et la Proptech en s'insérant dans tous les réseaux en vogue et en essayant de décrocher les Pass utiles pour être visible de l'extérieur. Non sans mal, puisque, étant une start-up travaillant l'immobilier (antinomie pour certains), on lui demandait davantage qu'à d'autres, de prouver son niveau de R&D, pourtant en réalité bien supérieur à celui de beaucoup de start-up purement technologiques.

Pour mettre en valeur la qualité de son management, elle s'est alignée dans des compétitions de type « Best place to work » ou « Happy at work », dont le principe est de faire sonder anonymement ses salariés par un organisme tiers qui note l'entreprise, classant Meilleurs Agents en tête de sa catégorie. Elle a soigné ses profils sur les réseaux sociaux professionnels, de LinkedIn à Welcome to the Jungle. Sans oublier le choix de locaux en plein Paris, boulevard Haussmann, dans un paquebot… haussmannien, dont peu de start-up peuvent offrir l'équivalent à leurs équipes et qui sont un facteur majeur d'attractivité.

« PERSONA » ET CONTENT MARKETING

Les méthodes de recrutement elles-mêmes dépendent ensuite beaucoup du profil recherché. Et les canaux utilisés diffèrent selon qu'il s'agit de chasser (chercher) un Product Manager ou un développeur. Cela commence en général par l'élaboration du « persona », sorte de portrait-concept marketing dont l'objectif est de comprendre qui est la cible. L'équipe « Talent Acquisition » détermine ensuite quelles plateformes et quels réseaux ce « persona » ou cette cible fréquentent. À partir de là se construit le discours pour l'attirer : rédaction d'une annonce la plus conceptuelle, descriptive et authentique possible, entrant dans le détail des projets sur lesquels la personne va être amenée à intervenir et diffusée dans ses principaux réseaux ; approches directes en s'appuyant sur le réseau des collaborateurs et en utilisant des sites spécialisés. Envoi d'e-mails personnalisés aux cibles en promulguant la valeur ajoutée de Meilleurs Agents, les produits développés par la société, soulignant la manière dont la personne contactée pourrait être utile à cet ensemble. Organisation d'événements (en passant par Meetup notamment) au cours desquels des salarié(e)s de Meilleurs Agents font des présentations de leurs technologies et de leurs méthodes afin de montrer à quel point la société est tournée vers l'innovation, vers le partage de connaissances, toutes expertises valorisées par les techs. Meilleurs Agents mise notamment beaucoup sur le *content marketing* (ou marketing de contenu) : supposons que l'entreprise veuille toucher un profil repéré sur LinkedIn. Plutôt que de lui proposer d'emblée un rendez-vous, pour ouvrir la discussion, elle lui envoie un article rédigé par un membre de l'équipe sur un sujet pointu. Sans oublier les partenariats avec les écoles, alimentés par les stagiaires en poste chez Meilleurs Agents, qui vont faire les présentations par eux-mêmes et assurer l'interface avec d'éventuels candidats.

DÉVELOPPEURS STARS ET DATA-INGÉNIEURS

Fruit de ces multiples filets de pêche, le « Time to Hire », le temps mis à recruter des profils « tech » était de seulement trente jours à l'été 2020. Trente jours entre le moment où Meilleurs Agents entre en contact avec une perle rare et celui ou celle-ci accepte la proposition d'embauche. Ce ne sont pourtant pas les recrues les plus faciles à harponner.

Dans le peloton de tête des métiers les plus ardus à recruter figure le développeur Salesforce. Salesforce est une plate-forme qui permet de gérer la relation commerciale. C'est un logiciel CRM (Client Relationship Management) utilisé chez Meilleurs Agents par plus d'une centaine de personnes, un outil qui engrange tous les contacts avec les prospects et qui est connecté à d'autres dispositifs internes comme celui du phoning. Un développeur Salesforce est quelqu'un qui va programmer pour ce CRM en utilisant le langage Apex. Il s'agit d'une niche assez étroite dont les profils peuvent prétendre à de bons salaires. Il est assez courant de rencontrer des développeurs Salesforce ayant quatre ou cinq ans d'expérience qui demandent 60 000 euros brut par an, tandis que d'autres préfèrent devenir free-lance pour monnayer leurs compétences. On est donc devant une difficulté croisée avec, d'un côté, une société qui cherche des candidats ayant un certain état d'esprit, compatibles avec sa culture interne, et qui ne veut pas baisser sa garde sur le plan technique, de l'autre, des « stars » en assez petit nombre parfois tentées par le mercenariat.

Deuxième exemple : le data-ingénieur. Lui aussi est difficile à recruter parce qu'il doit avoir des compétences à la fois informatiques et mathématiques. Sachant que sur le marché on trouve beaucoup de data-scientists qui sont plutôt des profils matheux mais qui n'ont pas de compétences en ingénierie. Les data-ingénieurs sont indispensables à une plateforme comme Meilleurs Agents parce que ce sont eux qui construisent l'infrastructure permettant aux algorithmes élaborés par les scientifiques d'être implantés informatiquement. Un data-scientist va développer des « Proof of Concept », des prototypes. Pour passer sur grande échelle avec des données réelles, ce sont les data-ingénieurs qui entrent en jeu. Or cette double compétence maths-informatique est assez rare. En outre, pas mal de ceux qui la possèdent sont attirés par le Big Data et ont envie de travailler sur des volumétries très importantes de données, ce qui n'est pas le cas chez Meilleurs Agents : dans l'immobilier, il n'y a pas tant que cela de données à exploiter, on est plutôt confronté à une problématique d'information rare et de données plus complexes que nombreuses.

PRODUCT MANAGERS À LA MODE

Troisième exemple : celui du Product Manager. Un métier pointu et recherché, récent en France et qui évolue rapidement. À grand renfort de données analytiques, le ou la « PM » va devoir identifier les demandes des clients et réfléchir à des solutions à leur proposer. En lien avec toutes les autres parties prenantes (commerciaux, marketing, développeurs), il doit gérer le cycle de vie d'un produit depuis sa conception (tout ce que Meilleurs Agents appelle le « Discovery ») jusqu'à son lancement (le « Delivery »). Le job fait un tabac dans les forums des grandes écoles depuis quelques années où tout le monde veut devenir Product Manager. Chez Meilleurs Agents, les Product Managers sont gérés par Christopher Parola, Chief Product Officer (patron des produits) et plus jeune directeur dans l'entreprise. L'une des difficultés réside aussi dans le fait de dénicher des cadors dans un métier qui n'existait pas il y a dix ans et dont les meilleurs en France ont moins de 30 ans. Un âge qui, soit dit en passant, peut presque être considéré comme canonique par les tenants d'un job encore plus récent, celui de Machine Learning Ingénieur, dont le focus repose sur l'automatisation de l'utilisation et de l'interprétation des données. Chez Meilleurs Agents, les Machine Learning Ingénieurs sont spécialisés, par exemple, dans le Computer Vision, l'exploitation automatique des images pour en tirer des informations sur les biens et leur prix. D'autres travaillent sur le Natural Language Processing (NLP), expertise qui, appliquée aux textes (comment faire pour comprendre et trier des informations de manière automatisée et rapide dans un texte de petite annonce immobilière, par exemple ?), revient au même. À ces apparitions presque bibliques de nouveaux métiers s'ajoute encore un petit obstacle pour le recrutement, valable pour l'ensemble des métiers « tech », qui est qu'un certain nombre de candidats et de candidates rêvent d'intégrer une start-up *early stage* : une boîte dans laquelle il y a tout à construire, où l'on peut être à l'origine de l'histoire, voire faire partie des cinq ou dix premiers salariés. Ce qui n'est plus le cas chez Meilleurs Agents.

À LA MERCI DES FORUMS...

Recrutées, intégrées grâce aux journées « Home Made » et autres « MAnniversaires », que deviennent les forces vives de Meilleurs Agents durant leur carrière ? L'effectif actuel de la société affiche une moyenne d'âge d'un peu plus de 30 ans et le turnover y est extrêmement faible, en particulier au niveau de la tech, tout en étant plus important (sans surprise, car ce sont des profils plus volatiles) chez les commerciaux. Il est d'un peu moins d'un quart par an pour ces derniers contre plus d'un tiers en général sur la place de Paris. Lorsque des départs interviennent, ils se passent en général sans drame puisqu'en douze ans d'existence Meilleurs Agents n'a connu que deux ou trois conflits aux prud'hommes, tous négociés ou gagnés. Ce qui ne veut pas dire que les choses se passent toujours bien. Sur des sites comme Glassdoor ou Indeed, qui permettent de noter anonymement ses employeurs, Meilleurs Agents a droit à son lot de cassage de sucre, de remarques sur le fait que la culture interne basée sur l'entraide serait du pipeau, que les salariés sont exploités, que tout y est « politique », que ce sont toujours les mêmes qui ont des privilèges. Quand un départ se produit, la société ne ménage pas sa peine pour réussir le « Off Boarding » (l'accompagnement vers l'extérieur), que ce soit à la fin d'une période d'essai ou lors d'une séparation plus tardive. Tout ancien salarié est considéré comme un ambassadeur de la boîte, comme quelqu'un qui peut la recommander autour de lui. Et on essaie de faire en sorte que ceux qui partent le fassent, dans la majorité des cas, avec le sourire.

LES SALARIÉS « BOOMERANG »

L'expression vient semble-t-il d'un membre de l'équipe RH. Elle décrit les collaborateurs qui ont quitté l'entreprise pour diverses raisons, fatigués de leur job, attirés par une opportunité dans une autre boîte, tentés par une aventure entrepreneuriale, et qui, un jour, frappent à nouveau à la porte de Meilleurs Agents et retrouvent un poste. Ce phénomène resterait anecdotique s'il ne concernait pas un nombre relativement important de cas, près d'une vingtaine à ce jour. Il révèle l'attachement de ces collaborateurs à l'entreprise, dont ils ont perçu la valeur en la quittant ; mais il témoigne aussi de l'ouverture d'esprit des équipes qui acceptent ces allers-retours sans nécessairement les considérer comme une trahison.

PARCOURS EMBLÉMATIQUES

Quelques exemples de parcours pour compléter ce tableau. Fares Lazali, n'ayant pas son bac en poche, mais grand sportif en roller (il a fait des spectacles au Club Med et devant le parvis de Notre-Dame) entre en 2012 au poste de Commercial Transaction (le titre du commercial débutant chez Meilleurs Agents). Après des débuts compliqués, il passe Manager Transaction en 2015, en charge d'une équipe d'une dizaine de commerciaux. Il est aujourd'hui Head of Sales chez HABX, une start-up où il pilote l'activité commerciale B2C. Thomas Lefebvre rejoint Meilleurs Agents en 2010, à 22 ans, dans le cadre d'un doctorat CIFRE, auteur d'une thèse sur « La digitalisation de l'économie et du marché de l'immobilier et le changement de métier de l'agent immobilier » sans avoir aucune expérience professionnelle. « Entré chez nous avec des dents de lait », résume Sébastien de Lafond. Il est depuis 2015 directeur scientifique de Meilleurs Agents, chargé de définir une partie de la stratégie d'innovation en accord avec le comité exécutif, de piloter les équipes et les projets R&D, de garantir la qualité scientifique des modélisations, des analyses macro-économiques et des études. Il est également porte-parole de Meilleurs Agents sur les sujets liés au marché immobilier et a remplacé Sébastien de Lafond dans les médias.

Plus on monte dans la hiérarchie et plus l'ascenseur interne est efficace. Olivier Daligault a rejoint l'entreprise en 2012 comme consultant en provenance de BearingPoint. Sept mois après son arrivée, cet ancien capitaine d'équipe de foot est bombardé directeur des Opérations, c'est-à-dire patron du plateau des commerciaux, un job tout sauf facile sur le plan du management, d'autant qu'il remplace à cette occasion l'un des quatre cofondateurs de la société. Il dirige aujourd'hui 170 personnes, dont 160 Sales & Customer Success B2B et B2C avec le titre, depuis janvier 2020, de directeur général adjoint des Opérations, chargé de la préparation et de l'internationalisation du business Meilleurs Agents en Europe. Il fait partie, aux côtés de Nicolas Baron (Chief Technical Officer) et de Thibault Remy, du triumvirat qui a succédé à Sébastien de Lafond pour prendre les clés du camion Meilleurs Agents dans la flotte Springer.

Last but not least, l'exemple déjà évoqué de Thibault Remy, entré chez Meilleurs Agents en 2010 (frais émoulu de HEC), et qui en est aujourd'hui le patron. Une pure illustration de la promotion interne. Quand Sébastien de Lafond le repère sur le site de l'Apec, il a 27 ans, a fait un peu d'intrapreneuriat chez BMW, aidé un entrepreneur français à monter son entreprise à New York, bossé deux ans dans le conseil chez Ineum. Il n'a jamais piloté les finances d'une société. Meilleurs Agents vient de lever 3 millions d'euros et Sébastien de Lafond le prend comme directeur financier en lui disant qu'il va apprendre son métier et que ça va bien se passer.

UNE MIXITÉ ENCORE À PARFAIRE

Un tantinet masculin, tout cela. Oui, qu'en est-il de la Meilleurs Agents féminine ? C'est un problème, même s'il est en passe d'être moins aigu que par le passé. On compte aujourd'hui une seule femme sur les cinq membres du comité exécutif : Florence Vatoux, la directrice marketing. Si Thibault Remy recrute, comme il le souhaite, *une* directrice financière pour le remplacer, cela fera deux. Dans les équipes « tech », vivier surpondéré masculin, les recrutements de développeuses augmentent. Sur les 90 personnes qu'a sous sa coupe Nicolas Baron, le CTO de Meilleurs Agents, on compte une petite quinzaine de femmes contre aucune auparavant. Thibault Remy a conscience que c'est un sujet sur lequel l'entreprise est en retard. Il assure vouloir travailler au rééquilibrage et même en faire son cheval de bataille.

« Ce que j'en retiens », par Sébastien de Lafond

Le cœur de tout, c'est bien sûr la qualité des équipes, bien plus que le cash qu'une start-up peut lever. Avec la bonne équipe, vous trouverez toujours le cash et en plus vous relèverez les défis du business. J'ai croisé des entreprises qui avaient levé beaucoup d'argent, mais ne recrutaient pas nécessairement les meilleurs profils ou alors les « gâchaient » en ne leur confiant pas les bonnes responsabilités. Leurs perspectives m'ont alors paru douteuses. Alors qu'une bonne équipe, même sous-financée, va toujours trouver la solution.

Au final, je crois que pour attirer et retenir les meilleurs profils, il faut respecter quelques règles simples. Avoir un projet enthousiasmant et communiquer sa passion, son envie, celle-ci doit être contagieuse et partagée par tous les collaborateurs. Cet effet « d'essaim » sera ressenti d'une manière ou d'une autre par le candidat. Privilégier la personnalité, la capacité à apprendre et la motivation sur l'expérience et les compétences acquises.

Et permettre à chacun de développer tout son potentiel : j'ai souvent comparé Meilleurs Agents à un grand parc dans lequel chaque collaborateur, chaque arbre, devait trouver sa place. Nous n'avons pas tous besoin du même ensoleillement, type de sol ou quantité d'eau. Mais le but est que chacun soit au bon endroit pour pousser droit, avec des racines profondes, des branches qui s'étendent et portent de beaux fruits. Cette image correspond vraiment à ma manière d'envisager la diversité des profils. Elle a, je crois, positivement inspiré des collaborateurs et leurs managers, au moment du recrutement, mais aussi au cours de l'évolution de chacun dans l'entreprise.

Tout cela est plus facile à mettre en œuvre maintenant que Meilleurs Agents a atteint une certaine taille. À nos débuts, bien que nous en parlions, nous n'étions pas assez nombreux pour offrir autant d'opportunités de promotion ou de mobilité interne que nous le souhaitions et c'était assez frustrant pour tous. Passée la barre des 150 collaborateurs, ces intentions sont devenues une réalité.

Enfin, il y a une notion qui m'est chère depuis le premier jour et qui a probablement joué un rôle déterminant dans notre capacité à attirer et à fidéliser de jeunes profils talentueux. Cette notion est celle de « La meilleure idée gagne ». C'est une règle absolue depuis la naissance de l'entreprise. Jamais une décision ne doit être privilégiée parce qu'elle est simplement portée par le plus « gradé », « senior », ou celui qui parle le plus fort. Chaque décision importante fait l'objet de débats et d'échanges dans l'entreprise, et si un jeune stagiaire propose une meilleure solution qu'un des fondateurs, c'est son idée qui doit être retenue.

On m'a reproché en 2014 de passer plusieurs semaines à ouvrir la discussion sur la direction stratégique de Meilleurs Agents : devions-nous nous transformer en un service global d'accompagnement des propriétaires vendeurs avec nos propres agents sur le terrain, pour garantir la meilleure qualité de service ? Ou plutôt être la plateforme de référence, ouverte à tous les agents immobiliers du marché et permettant aux particuliers de choisir le mieux adapté à son projet ? J'ai souhaité qu'on donne la parole au plus grand nombre, bien entendu les membres de la direction, mais aussi des commerciaux, des jeunes ingénieurs. Au total, il nous est arrivé d'être plus d'une vingtaine autour de la table. Les débats ont parfois été houleux, souvent longs, mais la qualité d'écoute de chacun toujours présente. Toutes les idées et argumentations ont été mises sur la table. Au final, nous avons tranché pour la solution de la plateforme ouverte. Tout le monde n'avait pas défendu cette option, mais l'ensemble de la boîte s'est rangé derrière ce choix une fois qu'on avait tranché. Certains ont pensé que cette recherche obstinée de « la meilleure idée » était une perte de temps, je crois au contraire qu'elle a cimenté l'ensemble des troupes qui ne se sont plus jamais retournées sur cette question. Je crois fondamentalement que ce type de processus, quand il est mené de manière sincère et contrôlée pour rester efficace, nous a permis d'inscrire de nombreux millennials, parfois décriés pour leur instabilité professionnelle, dans la durée.

Chapitre 8

Trouver les bons actionnaires et les gérer

Fonctionnement du board, gouvernance : comment maintenir la cordée des investisseurs dans la durée

La porte est close, des fumigations semblent émaner : sans doute que le conseil d'administration se tient. Dans la grande salle, cela va de soi. Ne faisons pas de bruit. Plutôt que « conseil d'administration », il vaut mieux dire « board », pour être plus proche du vocabulaire start-up. En tout cas, c'est le saint des saints, l'organe de tête, le cénacle au sein duquel le président est révocable *ad nutum*, d'un coup de menton. Comme tous les boards de la planète, celui de Meilleurs Agents a vu passer quelques anges et a été secoué par quelques tensions. Ce fut aussi un lieu de transparence et de décisions collégiales, qui a maintenu le cap de la société de 2008 à 2019 en évitant les récifs. Si l'on pousse la porte de la *Situation Room*, quels hommes et quels débats découvre-t-on ? Quels étaient les rapports avec le management ? Et quels enseignements tirer de son histoire ?

Qui veut miser des millions ?

Pour résumer le financement capitalistique de Meilleurs Agents, la société a levé en tout 13 millions d'euros entre 2008 et 2016. Ses levées de fonds peuvent être synthétisées en trois grandes étapes :

- un tour initial de 700 000 euros en 2008, abondé par une douzaine de business angels dont trois principaux : Geoffroy Bragadir, Vincent Lemaire et Denis Kibler, ces deux derniers devenant membres du board ;

- un tour complémentaire de 3 millions d'euros en 2009 qui voit entrer au capital et au board un établissement financier professionnel, le fonds d'investissement Alven représenté par son associé Guillaume Aubin ;

- une levée de fonds plus importante de 7 millions d'euros en octobre 2016, marquée par l'arrivée de deux « gros » investisseurs très complémentaires : la très institutionnelle Banque publique d'investissement (BPI) et le fonds anglo-saxon Piton, spécialisé dans les plateformes, dont le cofondateur, le Canadien Greg Lockwood, prendra une place entière au conseil, la BPI se contentant d'un siège d'observateur.

Entre ces trois dates marquées par l'arrivée de nouveaux entrants, quelques « bouclages de fin de mois » sont survenus à actionnaires constants. Alven, par exemple, a investi au total 4,1 millions d'euros dans l'entreprise, échelonnés de la manière suivante :

- 1 million d'euros en novembre 2009 ;

- 1,5 million d'euros en novembre 2011 ;

- 500 000 euros en mai 2013 ;

- 600 000 euros en février 2015 ;

- 500 000 euros en octobre 2016.

Un kaléidoscope d'investisseurs

Pour comprendre comment a fonctionné le board de Meilleurs Agents, il faut présenter les différents investisseurs en commençant par ceux qui ont apporté de leur argent personnel.

1 – Qui étaient les business angels ?

Parmi la douzaine qui sont montés dans le train à la gare de départ, on trouve Geoffroy Bragadir et Vincent Lemaire, les deux cofondateurs du courtier en crédit Empruntis, Denis Kibler, fondateur d'une entreprise de connectique revendue à Schneider Electric, Gilles Ghesquière, cofondateur du portail Nomade à la fin des années 1990, Alex Dayon, premier CTO de Business Objects, créateur d'Instranet et aujourd'hui grand manitou de Salesforce, ou encore Stéphane Treppoz, ancien patron d'AOL France et de Sarenza. De tous ces businessmen accomplis, c'est Vincent Lemaire qui a mis le ticket le plus important, avec plus de 250 000 euros lors du tour initial et près de deux millions au total sur l'ensemble des levées. C'est lui aussi qui sera le seul business angel à être membre du board du début à la fin.

2 – Pourquoi Meilleurs Agents les avait choisis ?

La réponse est contenue dans les profils. Sébastien de Lafond ne voulait pas comme investisseurs des cadres supérieurs n'ayant jamais piloté une entreprise et qui mettent 10 à 20 KE pour se donner une existence. Il voulait des angels entrepreneurs connaissant ce que cela représente de créer une boîte et les difficultés qui s'ensuivent, ayant déjà roulé leur bosse sur ce type de montagnes russes.

3 – Quelles étaient leurs motivations ?

En tout état de cause, la première levée de 700 000 euros sort pratiquement tout habillée du carnet d'adresses de Sébastien de Lafond, même si tous les « B.A. » n'étaient pas forcément ses copains et ne le sont pas devenus. Mais il y a un élément de confiance en l'homme, en sa conviction charismatique en son projet et en sa réussite précédente comme financier (et administrateur d'entreprises, de ce fait) qui a joué indiscutablement. Tout comme a joué de façon majeure la complémentarité du team fondateur et l'image qu'il projetait à l'extérieur. C'est ce que met en avant Guillaume Aubin quand il explique pourquoi Alven est monté dans le train en 2009 : « Le plus important dans notre métier, au moment où l'on se décide d'investir, c'est le jugement sur l'équipe. Le fait d'avoir des cofondateurs à la fois très talentueux et complémentaires a été un des principaux arguments pour nous. » Alex Dayon, de son côté, se souvient que ce qui lui plaisait par-dessus tout dans Meilleurs Agents, c'était « cette foutue carte des prix ! ». Et même si c'est facile à dire aujourd'hui puisque le modèle s'est affirmé et que la cession à Springer l'a confirmé, Vincent Lemaire assure qu'il a « vu tout de suite des choses qui (lui) plaisaient en termes de mécanique et de potentialité d'ajuster deux pyramides, celles des vendeurs et celle des acheteurs, par l'intermédiaire de la plateforme ».

4 – Qui sont les investisseurs suivants ?

Alven Capital est un fonds de capital-risque indépendant né sur les restes du fonds de capital-risque de la banque Lazard et qui gérait alors 150 millions d'euros, principalement pour le compte d'investisseurs institutionnels. Il était devenu une référence en France pour le financement des entreprises de technologie et il avait notamment – le monde est petit – investi dans Immostreet, racheté plus tard par SeLoger, le site de petites annonces immobilières, très consulté par les acheteurs. Alven avait vendu ses parts dans SeLoger fin 2006 avec une très belle plus-value, ce qui l'avait incité à être attentif aux nouveaux modèles. Quand il a été mis en contact avec Meilleurs Agents en 2008, il a vu le projet comme le pendant de SeLoger côté vendeurs. Pour l'anecdote, Guillaume Aubin avait appelé le patron de SeLoger, Roland Tripard, pour savoir ce qu'il pensait du dossier et celui-ci ne l'avait pas découragé d'investir dans la start-up. Amusant quand on voit que Meilleurs Agents et SeLoger cohabitent aujourd'hui au sein du groupe Axel Springer et le rôle central joué par Meilleurs Agents dans la réorganisation…

Piton Capital est un fonds d'investissement international basé à Londres, créé par un Français, un Suisse et un Canadien, et spécialisé dans les plateformes en ligne ayant un effet de réseau, c'est-à-dire celles dont l'impact augmente exponentiellement avec sa base d'utilisateurs ou de produits proposés, comme un site de petites annonces par exemple. Approché en 2016 dans le cadre du tour de financement conduit par la banque Clipperton, Piton a tout de suite aimé trois choses chez Meilleurs Agents : le fait qu'ils avaient la meilleure base de données de prix de l'immobilier en France et qu'ils en avaient fait un bastion pour les estimations ; le fait que la société gagnait sa vie en aidant les agents à signer des mandats de vente, ce qui la plaçait au cœur de leur business ; et par voie de conséquence, le fait qu'elle pouvait devenir une plateforme très puissante entre les particuliers et les professionnels afin de manger la laine sur le dos des sites d'annonces.

Un board à géométrie variable

Dans les premiers temps du board, seuls les quatre cofondateurs (Pascal Boulenger, Julien Cheyssial, Sébastien de Lafond, Jordan Sanial) et deux représentants des business angels (Vincent Lemaire et Denis Kibler) en faisaient partie. En 2009, il s'est ouvert à Guillaume Aubin pour le compte d'Alven. En 2016, au Canadien Greg Lockwood pour celui de Piton, son arrivée entraînant le départ contraint de Denis Kibler afin de libérer une place. Simultanément, la BPI (Nicolas Jordanov puis Clarisse Blandin) prenait un siège d'*observer* lui donnant un droit de présence physique au board et lui permettant de jouer un rôle, mais sans droits de vote. À partir de cette date également, le board n'incluant plus que deux sièges de cofondateurs, Julien Cheyssial et Sébastien de Lafond les ont conservés, tandis que les deux autres devenaient *observers*. Quant à Thibault Remy, le directeur financier recruté en 2010, il participait également à toutes les séances puisque c'est lui qui présentait les chiffres, mais sans en être membre officiel et sans droit de vote.

Au final, le board de Meilleurs Agents a donc mélangé au fil des années des choux et des carottes :

- cofondateurs ayant la tête dans le guidon et sourcilleux sur la valorisation de leurs parts mais ayant mis très peu d'argent personnel au départ hormis dans la constitution d'une SARL à 37 000 euros de capital ;
- business angels ayant placé une part coquette de leurs économies et qui stressent un peu et/ou donnent des conseils toutes les cinq minutes au management, et dont l'influence diminue inexorablement avec l'arrivée d'investisseurs plus puissants ;

- fonds financier reconnu dans le monde de la tech française, avec un horizon de placement court et les nerfs solides ;
- établissement public institutionnel pour qui le ticket d'entrée représentait le prix d'un café ;
- tête chercheuse branchée plateformes qui voit les choses à l'échelle internationale et avec trois coups d'avance…

Autant d'acteurs ayant des intérêts et des comportements actionnariaux différents. C'est dans les replis de cette salade niçoise qu'il faut chercher le fonctionnement du board. Et dans le secret de son pacte d'actionnaires, document-socle de toute la construction de Meilleurs Agents.

PACTE D'ACTIONNAIRES : LES FONDATIONS

L'une des grandes règles de Meilleurs Agents a toujours été de faire appel aux meilleurs consultants de la place en considérant que le prix à payer était avant tout un bon investissement stratégique : Jean-Marie Moyse pour le versant juridique des contrats avec les particuliers et les agences immobilières, Manuel Jacquinet de Colorado Conseil pour l'optimisation de la plateforme téléphonique, Simon Kucher & Partners pour le *pricing* de leurs produits, et Launchworks & Co pour l'amélioration des effets de réseau de la plateforme… La partie capitalistique ne fait pas exception à la règle puisque c'est Sa Majesté Gide Loyrette Nouel qui s'y est collée en la personne de l'associé Pierre Karpik. Un type qui avait bossé, jeune avocat, sur les statuts de Fortuneo et qui comptera ensuite à son tableau de chasse des petits succès comme Blablacar ou Doctolib. Qu'est-ce qu'un grand cabinet international comme Gide venait faire dans les pattes d'une petite pousse comme Meilleurs Agents et réciproquement ? Beaucoup d'entreprises aimeraient bien démarrer avec l'étiquette « Gide » comme partenaire, mais toutes n'ont pas cette chance. Gide refuse plus de dossiers qu'il n'en accepte et travaille en gros uniquement sur la recommandation de gens à qui il fait confiance pour apprécier la qualité d'un projet. Non seulement parce que la maison est très demandée, mais aussi parce qu'elle ne peut pas se permettre de toujours travailler avec un risque maximum : quand vous avez de jeunes entrepreneurs survitaminés, tout juste sortis d'école, qui sollicitent un cabinet affichant les taux horaires de Gide, ce n'est pas facile pour eux de régler la note si leur projet ne lève pas d'argent. Et Gide ne peut pas leur demander de faire un prêt étudiant pour être payé. Autant dire que Sébastien de Lafond s'est immiscé jusqu'à Gide en faisant jouer les relations de sa vie antérieure de financier, jusqu'à ce que le dossier atterrisse sur le bureau de Pierre Karpik. Qui n'a pas été déçu de la visite : « Ils sont entrés presque par effraction ici, déclarait-il dans la vidéo des 10 ans de la société. On a vu arriver les quatre mousquetaires, les Beatles de l'immobilier et ça nous a beaucoup séduits ! » Mais pourquoi le choix de Gide, pourquoi viser si haut dans la hiérarchie des avocats d'affaires quand on veut juste rédiger le pacte d'actionnaires d'une jeune start-up ?

NOVICES : GARE AUX CLAUSES PIÉGEUSES

Pour deux raisons : parce que le premier pacte d'actionnaires est fondateur, qu'il peut avoir un impact durable sur l'entreprise. C'est le mode d'emploi contraignant qui l'accompagne dans toutes les étapes de sa vie et notamment dans ses phases de financement. Au fil de plusieurs dizaines de pages ardues qui demandent un gros niveau de concentration quand on veut les lire soi-même sans être conseillé, il détermine les rapports actionnariaux entre des investisseurs qui ont *a priori* des intérêts non convergents et qui doivent nécessairement être convergents pour que le projet réussisse. Il contient des dizaines de petites clauses qui, si on ne les comprend pas, peuvent se retourner contre soi – par exemple, entraîner un actionnaire dans une cession qu'il n'aurait pas forcément voulue en fonction de son pourcentage de détention. C'est très technique, et, souvent, dans le choix d'un avocat corporate, on prend quelqu'un de moindre envergure parce qu'on n'a pas les moyens.

La deuxième raison tient à ce que, dans l'environnement mouvant qui est celui d'une start-up, les conseils de l'avocat d'affaires vont un peu au-delà des contrats. Il essaie de donner son avis sur le choix des investisseurs, sur la manière de faire les choses, sur ce qu'il faut dire ou ne pas dire, de prodiguer un brin de conseil stratégique. Meilleurs Agents avait déjà trouvé ses business angels quand il a contracté avec Gide, mais Gide ensuite connaissait très bien Alven avec qui il avait beaucoup travaillé – en 2009, il a donné son avis sur l'historique de sa relation avec ce fonds d'investissement, sur le fait de savoir s'il s'était bien ou mal comporté avec une autre équipe, etc. Il y a des fonds qui sont très interventionnistes, d'autres très « par-devers de la main », les deux sont bien, mais ce n'est pas le même profil et il faut savoir quel type de partenaire on veut avoir à son capital.

CONCILIER DES HORIZONS DE PLACEMENT DIFFÉRENTS

Par ailleurs, pour revenir à la « convergence d'intérêts », elle est assez délicate à établir parce que figurent dans le pacte d'actionnaires des gens qui travaillent dans l'entreprise et d'autres pas, qui ont mis beaucoup d'argent et d'autres pas, qui n'ont pas le même horizon de liquidité : un fonds voudra « sortir » au bout de cinq ou sept ans quand les entrepreneurs, eux, peuvent avoir envie de rester trente ans à bord du navire. Mark Zuckerberg est certainement très content que son pacte d'actionnaires ne l'ait pas forcé à vendre Facebook au bout de sept ans. En outre, la problématique d'un pacte réside en grande partie dans la découverte par les entrepreneurs de toutes ses complexités et dans l'acceptation de clauses qui ne leur font pas toujours plaisir. L'exercice est autant pédagogique à l'égard des uns et des autres que de négociation proprement dite. D'où l'intérêt de prendre un bon avocat d'affaires.

Par la suite, au board lui-même, les sujets de conversation n'ont pas manqué. À commencer par la trésorerie qui a été la première slide à être présentée aux actionnaires pendant des années. Mais aussi la façon de dépenser le cash et les orientations du business, la rémunération des dirigeants, l'acceptation ou non d'offres de rachat extérieures. Examinons rapidement quelques thèmes.

Le premier point concernant les actionnaires a été la trésorerie. Ils ne s'en cachent pas. Alven parle d'une partie de son rôle d'actionnaire comme étant celle de « vigilance financière » et se souvient que, les premières années, les conseils étaient souvent axés sur le fait d'être attentif à la courbe de cash et puis d'anticiper des besoins de financement. Un autre investisseur compare la trésorerie à un niveau d'altitude et souligne que quand un avion a des moteurs qui ont des ratés, il peut perdre de l'altitude et que quand la trésorerie descend en dessous d'un certain seuil, il faut absolument trouver une solution pour « remettre un booster d'altitude ». À savoir, selon lui, utiliser l'une des trois méthodes suivantes : lever des fonds, ce qui a été fait *(voir les versements successifs d'Alven listés p. 124)*, faire un emprunt bancaire, ce qui a été fait, et solliciter des remises d'échéance, ce qui a été fait aussi, semble-t-il une seule fois. Les discussions au board entre le management et les actionnaires ne portaient pas pour autant sur des problèmes dramatiques de trésorerie : tout le monde convient que la société n'a jamais été en risque de ne pas pouvoir payer les salaires. En revanche, des petites querelles tournaient autour de l'épaisseur du matelas. Avec, d'un côté, des business angels comme Denis Kibler, Geoffroy Bragadir et Vincent Lemaire qui avaient le sentiment qu'on leur demandait de remettre de l'argent pour augmenter les dépenses alors que le chiffre d'affaires ne suivait pas, et qui étaient plus à l'aise avec une trésorerie flirtant avec les basses eaux. De l'autre, le management, Sébastien de Lafond en tête, qui souhaitait un matelas plus épais pour anticiper un éventuel pépin commercial et ne pas se retrouver avec un fusil sur la tempe devant les banquiers ou les investisseurs.

DIVERGENCES SUR LA POLITIQUE COMMERCIALE

La question qui prolonge cette discussion est de savoir si la société a fait une utilisation efficiente de son cash. Comme on le verra au chapitre suivant, Meilleurs Agents s'est longtemps cherché et a changé de business model plusieurs fois. Le passage à un modèle d'abonnements payants, qui a été la clé de la monétisation de l'entreprise, a mis du temps à se faire. Et un Vincent Lemaire, par exemple, estime qu'il y a eu énormément de freins en interne pour le faire et que la croissance aurait pu être plus rapide si la société avait multiplié des lancements de nouveaux services. À l'entendre, il y avait au board une approche qui était la sienne et qui consistait à dire : on avance, on ajuste, on améliore, on structure en avançant et on colmate si besoin, avec l'idée que ce serait une source de satisfaction pour la clientèle et un facteur de sécurité (suivant l'idée que quand on a cinq produits et qu'un client en prend trois, on est moins en risque que s'il n'y en a qu'un et qu'il le critique). En face de cette vision des choses, une autre approche plus prudente, ou peut-être plus réaliste, qui était plutôt celle de la direction, tenait à perfectionner les produits et les services avant d'en proposer d'autres. Sachant que les tenants de l'avance rapide reconnaissent aussi que si la start-up avait été plus débridée, elle aurait peut-être aussi été plus fragile. Parce que c'est une chose d'aller chercher des clients, de développer du chiffre d'affaires, de leur proposer des nouveaux produits et une autre d'avoir toute l'organisation y compris managériale derrière pour assurer la robustesse.

UN JEU DE RÔLES TRÈS MARQUÉ

Pour comprendre l'intensité des débats au board, il faut passer par la case du « qui fait quoi ? ». Les quatre cofondateurs étaient membres du board, mais globalement l'interlocuteur des actionnaires a toujours été Sébastien de Lafond en tant que représentant désigné par ses camarades et Président du conseil d'administration. Lui et Thibault Remy, le DAF au sens large puisqu'il couvrait aussi les RH, mais membre non officiel du board, assumaient la totalité de l'interface. Le directeur commercial ou la directrice marketing ne sont jamais venus faire de présentation devant le conseil. Thibault Remy avait des business angels au téléphone toutes les semaines qui lui demandaient comment allait le business, comment se portait la boîte. Et c'est lui qui prenait la parole durant la première demi-heure des boards pour défendre ses résultats et ses courbes financières. De leur côté, Denis Kibler et Vincent Lemaire, les deux business angels présents au board dès le début, se concertaient beaucoup et tenaient une ligne commune assez dure sur les dépenses de cash, le serrage de boulons des salaires du management, etc. Quand Guillaume Aubin est entré au board en 2009, avec le poids d'Alven derrière lui, cela a permis de faire baisser la pression des business angels sur le management. Et quand ensuite Greg Lockwood a pris place en 2016 en tant que représentant de Piton, avec la BPI comme observatrice, et que Denis Kibler a été forcé de céder son siège, cela a été vu comme une nouvelle réduction de l'influence des business angels puisque Vincent Lemaire restait le seul à incarner cette typologie au board. Mais comme il avait lui-même monté et revendu avec succès une entreprise œuvrant dans les mêmes secteurs (site Internet de courtage en crédits immobiliers), qu'il connaissait très bien les sujets, voulait s'impliquer à fond, entrait dans le détail et avait des idées arrêtées, il s'est retrouvé souvent en première ligne face à de Lafond et Remy. Il a constamment poussé le management dans ses retranchements, testant parfois les limites de leur patience. Cela dit sans rien de négatif puisque aujourd'hui Sébastien de Lafond reconnaît globalement l'utilité de son implication. Et que les membres du board n'ont jamais bloqué une décision alors qu'ils avaient pourtant le droit de veto sur certains points. Il est sûr aussi que sur le terrain de la recherche du consensus, Denis Kibler a joué un rôle essentiel, un rôle « de pair et de père », comme il le dit, dans la mesure où il avait quelques années de plus que les autres et une conception très progressiste de sa fonction d'administrateur. Sûr également que l'arrivée de Piton et de la BPI a donné une dimension supplémentaire au board et lui a permis d'avoir un dialogue plus riche sur les options de sortie, les questions stratégiques et la rémunération du management, entre autres.

La tentation de l'actionnaire industriel

Il faut dire un mot, pour terminer, des offres extérieures et en particulier de celle de Nexity en 2011 qui a causé de fortes tensions au sein du board. Meilleurs Agents n'a jamais eu la levée de fonds facile, hormis peut-être la première qui puisait dans le réseau de Sébastien de Lafond. En 2016, quand elle a fait rentrer 7 millions d'euros dans ses caisses grâce à la BPI et Piton, elle y est parvenue laborieusement alors que c'était déjà une entreprise d'une centaine de salariés qui comptait 1 500 agences immobilières abonnées (sur 25 000) et dont le chiffre d'affaires augmentait de manière récurrente. La levée de fonds de 2009, celle de 3 millions d'euros, avait été ardue dans un contexte d'investissement épouvantable, l'économie sortant à peine de la crise des subprimes et alors que le positionnement de Meilleurs Agents était particulièrement difficile à lire : boîte de tech avec des data scientists et des développeurs. Mais dans l'immobilier (pas glamour) ? Et avec des agents immobiliers *au bout du fil* ? et des particuliers de l'autre côté qui vont *peut-être* signer des mandats… ? Illisible pour un investisseur normalement câblé à moins d'être capable de gober l'avenir comme un gros Piton !

Et donc voilà qu'en 2011 Nexity se présente avec son offre d'investissement de 4 millions d'euros. La somme paraît dérisoire aujourd'hui quand on sait qu'Axel Springer a payé Meilleurs Agents 200 millions, mais à l'époque le site n'est pas à son top. Les notaires ont coupé le robinet d'alimentation des données de transactions, la croissance est correcte mais pas exponentielle, Alven a fait une proposition de remettre au pot sur une base de valorisation faible, le marché immobilier se contracte parce que les banques changent de conditions d'octroi de crédit du fait des normes prudentielles Bâle 3… et Sébastien de Lafond voit venir l'orage. Il sait qu'il risque de « ramasser » dans les mois qui viennent. Or Nexity est le pacha du secteur immobilier français, propriétaire de deux réseaux d'agences importants, et son patron, Alain Dinin, fait la pluie et le beau temps dans les médias. Le mastodonte promet de remettre les choses d'équerre avec les notaires, de faire la com' de la société, de se contenter d'un rôle d'observateur, minaude qu'il ne brigue même pas un siège d'administrateur. Et Sébastien de Lafond s'entend bien avec le numéro 2 du groupe, le regretté Jean-Philippe Ruggieri, décédé du Covid-19 au printemps 2020. Suffisamment tentant pour qu'il défende cette idée d'investissement minoritaire par un industriel, avec grosso modo l'assentiment des autres fondateurs. Et qu'il se heurte frontalement à un binôme d'actionnaires, Guillaume Aubin et Vincent Lemaire, fermement opposés, pour leur part, à cette cession. Une des raisons qu'avance Vincent Lemaire dans les discussions est que le prix proposé par Nexity n'est que de 25 % supérieur à celui du tour précédent, et donc qu'il n'est pas *game changer*. Guillaume Aubin avance que le fait de laisser un investisseur stratégique au capital risque d'avoir des conséquences négatives en cas de vente. Le renoncement à Nexity sera mal vécu par le président de Meilleurs Agents. C'est l'une des décisions les plus difficiles qu'il aura à prendre, car il a le sentiment qu'il va se retrouver très seul pour affronter la tempête qui s'annonce. Pourtant, avec le recul, il reconnaît que laisser rentrer Nexity aurait été une erreur. Leur offre permettra quand même d'obtenir une meilleure valorisation auprès d'Alven et un investissement massif de Vincent Lemaire qui veut marquer sa confiance.

BUSINESS ANGELS TOUJOURS PROTÉGÉS

Dernier point concernant ces relations conflicto-consensuelles entre le board et le management : le sujet des préférences de liquidation. Si les business angels ont été casse-pieds dans leur façon d'exercer leur vigilance, il faut porter à leur crédit qu'ils ont toujours remis au pot quand l'entreprise a eu besoin de cash. Juste retour des choses, ils ont toujours été protégés par le management (et par le biais du pacte d'actionnaires précisément) du risque d'être désavantagés par rapport aux gros investisseurs suivants. Quand un investisseur conséquent paie cher pour entrer en cours de route, il peut demander qu'on lui accorde des droits extraordinaires au moment de la revente de ses parts. Par exemple, si la société est vendue 100, qu'il puisse toucher d'abord 20 avec certitude et qu'ensuite le partage se fasse sur les 80 restants au prorata des actions. Ce qui revient à dire que les primo-investisseurs se retrouvent dilués. C'est typiquement le genre de privilèges qui peut « désaligner » un board plus vite que l'éclair en créant des sentiments de mépris et d'injustice. Alven a bénéficié d'une préférence de liquidation, mais pas au point que les actionnaires historiques se fassent rincer. Ils ont toujours été protégés, tout comme les autres investisseurs de la société. Et c'est probablement l'une des raisons qui a fait qu'ils ont suivi les levées de fonds : parce qu'ils savaient que le management ne cherchait pas à les squeezer.

« Ce que j'en retiens »,
par Sébastien de Lafond

Les questions liées au capital d'une entreprise ne sont jamais simples. D'ailleurs, pour tenter de les éviter, certains entrepreneurs se débrouillent pour autofinancer leur business et gardent la totalité des actions entre leurs mains. Grand bien leur fasse. Dans notre cas, nous étions quatre associés cofondateurs et nous avions besoin de ressources financières relativement importantes pour lancer l'infrastructure de départ, notamment un site Internet assez complexe, un centre d'appels pour contacter les particuliers, une équipe pour gérer les relations avec les agences. Donc, ce fameux capital, nous allions devoir le partager.

Les problèmes commencent entre associés fondateurs. J'ai d'abord proposé qu'on partage à parts égales, soit quatre fois 25 %. Mais Julien a considéré que ça ne reflétait pas ce qu'il apportait avec le site Immoplaza, dont on pensait à ce moment-là qu'il servirait de base pour la suite, ce qui ne s'est pas produit. S'engage alors une suite de discussions entre nous quatre, qui a duré plusieurs semaines, pour savoir qui aurait quoi, en fonction de ce qu'il apportait au projet. Et nous signons pour la répartition suivante : Sébastien 34 %, Julien 29 %, Pascal 20 % et Jordan 17 %. Je dois dire que ces échanges ont parfois failli tourner au vinaigre. Je trouvais que Julien était un peu trop « pushy », Pascal avait du mal à avaler qu'un gars qui avait plus de dix ans de moins que lui ait un pourcentage plus élevé, et Jordan, le plus détendu du lot sur ces sujets, ne devait pas non plus se réjouir d'obtenir la part la plus faible. Cette répartition était-elle la bonne, était-elle juste ? Oui et non.

La bonne, oui, puisqu'elle nous a permis d'aller au bout de l'aventure ensemble sans faire exploser le groupe. Juste, non, il n'y a pas, je crois, de répartition du capital juste. Quelqu'un m'a soufflé un jour (j'ai oublié qui, sinon je le/la citerais !) : « La bonne répartition du capital, c'est quand personne n'est content. » Sur le coup, j'étais surpris, avec le temps j'ai compris que c'était la meilleure réponse possible.

Un autre sujet dont je souhaite parler concerne les différentes postures d'investisseurs, notamment ceux qui vous disent : « Je ne vous apporte pas que des capitaux, j'ai un gros réseau, une vraie connaissance de votre secteur, une expérience d'hyper-croissance, etc. » *A priori,* tout cela est de bon augure pour l'entreprise. En réalité, j'ai envie de dire que c'est là que les alarmes doivent sonner. Dans mon expérience, c'est la « règle des trois tiers ». Le premier tiers, c'est ceux qui ne vont en fait jamais rien vous apporter en plus de leur investissement. Mais ils n'interviendront pas non plus à tout-va, donc pas de problème, c'est totalement inoffensif. Le deuxième tiers, c'est ceux qui pensent apporter beaucoup et tentent de le faire, mais d'une manière tellement contre-productive, pour « exister », qu'ils deviennent une vraie gêne pour le management. Le dernier tiers, celui qu'on voudrait toujours avoir, celui des investisseurs qui répondent présents quand on a besoin d'eux, qui posent les bonnes questions plutôt que de forcer leurs solutions, qui n'interfèrent jamais, mais savent échanger avec le management pour les amener à prendre les bonnes décisions. Dans notre cas, nous avons connu les trois types d'investisseurs. J'aurais aimé avoir les moyens de les repérer ou alors de les éviter quand on les avait repérés... mais bon, ainsi va la vie, on ne fait pas toujours ce qu'on veut.

Les discussions serrées, voire quelques désaccords sont inévitables dans la durée, et nous n'en avons quasiment pas connu en douze ans. Je n'ai qu'un seul véritable grief envers le conseil d'administration : celui d'avoir maintenu ma rémunération à un niveau très inférieur à ma valeur de marché et mes besoins en cash, et ce jusqu'en 2016. Il est normal qu'un entrepreneur sacrifie son salaire pour une espérance de plus-value substantielle. Mais dans mon cas, au motif que l'entreprise n'était pas profitable et que j'avais gagné de l'argent auparavant, eh bien, il semblait souhaitable que je ne sois pas bien payé. Le hic, c'est que compte tenu de ma situation personnelle, à la fois fiscale et familiale, et après qu'on m'a demandé de remettre substantiellement au pot lors de l'avance en compte courant de 2014, je me suis retrouvé dans une situation de stress financier qui est venu s'ajouter aux autres sources de fatigue mentale et physique. Ainsi, un beau jour de 2016, j'ai vraiment failli craquer, j'étais tout près du burn out. Comme écrit plus haut, l'intervention de Greg Lockwood, un Anglo-Saxon pour qui les patrons doivent être non pas grassement payés, ce serait une erreur capitale, mais correctement rémunérés pour ne pas ajouter à leurs difficultés, a sauvé la mise. Il y a dans la tête de beaucoup de business angels et d'investisseurs français l'idée qu'un entrepreneur doit crier famine pour être motivé. Vous l'aurez compris, je ne partage pas cette vision des choses.

Pour conclure, la règle qui, je crois, nous a permis de conserver tout du long la confiance de tous nos actionnaires et de notre conseil d'administration est la suivante : toujours annoncer les mauvaises nouvelles avant qu'elles ne deviennent apparentes. Quand j'étais moi-même investisseur et administrateur dans ma précédente vie, il est arrivé que je découvre que quelque chose ne tournait pas rond dans l'entreprise, sans que le patron nous en ait avertis. Ça arrive une fois, pas deux. Après, la confiance est rompue pour toujours. Ne souhaitant pas que ça nous arrive, nous avons mis un point d'honneur à toujours exposer nos difficultés ou échecs dans nos reportings bimensuels. Non seulement vous conservez la confiance des investisseurs, mais cela vous force à comprendre la nature exacte du problème et fait bien souvent germer la solution. Pas facile d'annoncer qu'il y a une fraude massive chez vos commerciaux ou que les relations avec les notaires se dégradent alors que vous avez besoin que vos actionnaires remettent du cash. Pourtant, une seule solution, la vérité, rien que la vérité.

Chapitre 9

Se renforcer en surmontant les coups durs

Attendez-vous aux accidents et aux coups fourrés et tirez-en des occasions de rebond et de croissance

Ce chapitre pourrait s'intituler les œufs durs et les peaux de banane, pardon, les coups durs et les peaux de banane. Nos excuses pour cette entrée en matière un peu glissante, c'était juste une tentative d'exprimer tout ce qui se détraque quand on se prend un « autobus » en pleine figure, quand un changement de business model donne de l'urticaire à la clientèle, quand vos meilleurs commerciaux vous escroquent, quand le fisc vous a dans le collimateur. À quel niveau de désarroi un chef d'entreprise peut-il tomber ? Quelles sont ces secousses qui ont sifflé sur la tête de Meilleurs Agents ? Comment la boîte a-t-elle franchi ces « Cap Horn » ?... 100 % des entreprises vont rencontrer des difficultés, tel est le ratio qu'enseignent les vieux sages. En revanche, toutes n'arrivent pas à s'en sortir à peu près indemnes. Inventaire à la Prévert des gadins de Meilleurs Agents, avec une petite idée des baumes employés.

LES NOTAIRES RETIRENT LE TAPIS

Il y a d'abord le coup derrière la nuque asséné par les notaires, issu d'un marigot de décisions où a dû s'entremêler un certain nombre de réseaux. Un beau matin de 2011, les notaires ont fermé le robinet de leurs données à Meilleurs Agents. Après expiration du délai de résiliation contractuelle, certes, mais quand même. Ne plus pouvoir compter sur la base de transactions des notaires de Paris et de l'Île-de-France pour concocter sa carte de prix et ses estimations, c'était pour le site une menace létale.

À cette époque, la société avait déjà commencé à travailler sur de nouvelles techniques d'estimation des prix de l'immobilier en incluant plusieurs sources de données complémentaires, entre autres les transactions de ses agences partenaires, mais ce modèle était encore en gestation. Que s'était-il passé pour que les notaires se fâchent ? Rappelons qu'on parle ici de la Chambre de Paris et d'Île-de-France, celle qui avait négocié avec Meilleurs Agents un accord d'utilisation de sa base de données baptisée « Bien ». Et pas des notaires de province qui détiennent une base nommée « Perval » et qui n'ont jamais voulu signer d'accord avec Meilleurs Agents. Officieusement, mais de bonne source, les responsables de la base Bien « ne se souviennent plus » des raisons de l'interruption et pensent que « c'était lié à un malentendu », lequel malentendu « a peu d'intérêt ». Ils se contentent de dire qu'ils avaient « des raisons d'interrompre cette communication à un moment donné ». Il est probable qu'un certain nombre de notaires ne voyaient pas d'un bon œil qu'une société privée exploite leurs données, qui d'ailleurs ne sont pas « leurs » données puisqu'il s'agit de paramètres de transactions légales dont les notaires ne sont que les intermédiaires, mais ce sont eux qui les centralisent et les communiquent.

Il y avait eu le reportage de « Capital » en octobre 2010 sur Meilleurs Agents. Le journaliste présentait la start-up comme voulant « révolutionner » l'immobilier. Révolution ? Notaires ? Cela ne faisait pas bon ménage. Il essayait de savoir comment Meilleurs Agents s'était ouvert l'accès à la base Bien, à quel prix, etc., et Sébastien de Lafond ne répondait pas. Le commentaire parlait de Meilleurs Agents en disant en gros : « Ils ont la base des notaires et ils sont en train de prendre le marché… » Cela avait dû agacer dans les études et les chambres locales, à commencer par celles de province où de très nombreux notaires réalisent des transactions et perçoivent des commissions sur les ventes comme des agents immobiliers de base. Des rumeurs circulaient aussi sur une négociation entre Meilleurs Agents et le Crédit Foncier dans le cadre de l'énorme projet Foncier Home que François Blancard, le patron de la banque, déployait à coups de dizaines de millions d'euros. Meilleurs Agents devait être le fournisseur logiciel du foncier pour tout ce qui concernait la carte de prix et les outils d'estimation. Cela fait partie des choses qui ont dû créer des problèmes avec les notaires.

Réconciliation à la Chambre

Quand ces derniers ont rompu le contrat, Meilleurs Agents a constitué un dossier avec l'aide de Baker McKenzie, son cabinet d'avocats de défense de la propriété intellectuelle, et a été à deux doigts de les attaquer pour abus de position dominante, pour rétention abusive de données publiques. Et puis Sébastien de Lafond a laissé tomber pour placer son énergie ailleurs. *Armageddon* contre les notaires quand on est une jeune start-up… L'équipe a réfléchi à la meilleure manière de trouver des sources de substitution de données, ce qui a correspondu à la création du « Mille-feuilles », la nouvelle méthode de calcul des prix *(voir chapitre 6, p. 91)*. Par la suite, un homme a joué un rôle fondamental dans la réconciliation, Didier Lallemand, un haut fonctionnaire français, proche du secrétaire général des notaires, Alain Joubert. Sébastien de Lafond avait croisé dans un cocktail ce militaire, ingénieur, ayant bourlingué dans de hautes sphères de l'industrie et de la finance, et qui était le représentant de l'État pour toutes les propriétés immobilières publiques en Île-de-France. Didier Lallemand s'était pris d'une sorte d'affection pour Meilleurs Agents et pour son patron, estimant qu'ils faisaient du bien au marché immobilier et qu'ils lui apportaient de la fluidité. Il s'était mis en tête de les rabibocher avec les notaires. Outre un travail de persuasion auprès de pontes de la profession qu'il connaissait en raison de ses fonctions (maîtres Chevreux, Panhard…), il a contribué à des réunions d'apaisement au Châtelet, là où siège la Chambre de Paris. Une réunion strictement interne en avait précédé une autre à laquelle Sébastien de Lafond avait été convié pour montrer, réexpliquer comment Meilleurs Agents utilisait les données, pour en faire quoi, etc. Tout cela dans un climat de confiance, mais qui avait demandé quand même six mois de palabres pour que le bouche-à-oreille positif refonctionne.

Aux dernières nouvelles, la réconciliation court toujours puisque non seulement Meilleurs Agents a signé un nouveau contrat de quatre ans avec les notaires franciliens en 2016, mais son fondateur est désormais invité par eux dans des colloques et des visioconférences en tant qu'orateur, comme ce fut le cas, fin mai 2020, en plein confinement. Surtout, les notaires viennent de finaliser un accord encore plus vaste avec l'entreprise dans le cadre de son expansion internationale au sein du groupe Axel Springer.

Découverte d'une escroquerie interne

Une autre péripétie relevant de la malhonnêteté pure a, elle aussi, failli mettre le groupe par terre. En 2014, Meilleurs Agents se rémunérait encore essentiellement en partageant les commissions sur les ventes avec des agents immobiliers à qui il envoyait des particuliers vendeurs. Donc, entre le moment où un commercial de la société faisait ce travail d'aiguillage vers un professionnel et celui où Meilleurs Agents était payé, il s'écoulait de longs mois à cause du temps de négociation et des délais légaux précédant la signature chez le notaire. Impossible de motiver des commerciaux avec une carotte qui pousse neuf mois plus tard. Ils étaient donc en partie commissionnés d'avance, au fur et à mesure qu'ils signaient des mandats. Dans le cadre d'audits internes, la direction découvre que des commerciaux la grugent : ils inventent de toutes pièces de faux mandats conclus avec des agents immobiliers, histoire de toucher des primes tout de suite. Une fraude d'ampleur puisqu'elle contaminait deux des trois équipes de sept ou huit commerciaux téléphoniques chacune ainsi que leurs managers. Aucune conciliation possible en l'occurrence puisqu'il s'agissait de tricherie caractérisée : les complices sont tous virés. Problème : il faut des mois pour rebâtir une plateforme commerciale performante. Les résultats des troisième et quatrième trimestres 2014 sont totalement impactés, avec une croissance sur deux trimestres divisée par deux.

Or, comme c'est plus drôle avec engrenage, Meilleurs Agents avait mandaté une banque, Clipperton Finance, pour lever des fonds début 2015. Fonds dont il avait un cruel besoin pour financer son changement de modèle économique qui évoluait vers un système d'abonnement. Modèle dont le chiffre d'affaires était encore mince. Clipperton prend mal l'annonce de la fraude, trouve le changement de modèle immature… Bref, renonce à accompagner Meilleurs Agents dans sa levée de fonds. Et la banque d'effectuer une présentation devant le board de la société pour expliquer ses raisons, donnant le sentiment qu'elle ne croit plus en l'avenir de Meilleurs Agents, déstabilisant à peu près tout le monde… Au même moment, parmi les hommes clés de la boîte, certains sont à la limite du burn out à force de surmenage et de voir le chiffre d'affaires patiner. Si bien qu'au lieu de lever des fonds joyeusement pour se développer, Meilleurs Agents, dans une ambiance pénible en interne, doit implorer un *bridge financing* d'un million d'euros auprès de ses business angels pour continuer à payer ses traites. Lesquels à leur tour le prennent mal et disent (au moins l'un d'entre eux ayant de l'influence) qu'ils ne suivront financièrement que si Sébastien de Lafond remet lui-même de l'argent personnel. Lequel à son tour le prend mal !… Une série de catastrophes à la Pierre Richard.

QUAND LE BOARD REFUSE DE T'AUGMENTER

Il faut aller plus loin dans le contexte en parlant du salaire du patron. Sébastien de Lafond n'est alors pas mal payé si on le compare à un cadre lambda, mais il gagne une fraction de ce qu'il gagnait comme financier et sensiblement moins que la plupart de ses camarades de promotion d'HEC. Cela fait des mois qu'il demande une augmentation de salaire à son board, qui la lui refuse parce que la société ne fait pas de bénéfices et parce que les business angels décisionnaires sont eux-mêmes des entrepreneurs et qu'ils estiment peut-être qu'il faut souffrir pour réussir. Aussi parce qu'ils ont mis beaucoup de leur argent personnel dans Meilleurs Agents et qu'ils surveillent les dépenses. Ou parce qu'ils considèrent que Sébastien de Lafond a gagné de l'argent dans une vie antérieure et qu'il n'est pas dans le besoin. Pour toutes sortes de raisons, en fait, qui sont ressenties douloureusement par l'intéressé. Il se retrouve dans la peau d'un patron – mais le raisonnement est vrai pour les autres cofondateurs qui avaient tous des salaires assez serrés et qui pouvaient connaître de vrais problèmes de fins de mois – qui perçoit un salaire très inférieur à celui que sa « seniorité » devrait normalement lui rapporter, qui bosse comme un malade, qui est épuisé, qui prend des coups, qui porte le truc à bout de bras depuis des années… et à qui on demande de remettre au pot. « Sinon, je te lâche. » Pas facile à avaler.

La *remontada* commerciale suivant le licenciement des vendeurs fraudeurs interviendra progressivement grâce au recrutement et à la formation de nouveaux commerciaux. Le couac de la levée de fonds avortée sera résolu par l'arrivée de nouveaux investisseurs en 2016, et notamment par celle du fonds Piton dont l'associé, Gregory Lockwood, va contribuer à régler le problème de rémunération de l'équipe dirigeante. Il sait très bien qu'il met les pieds en terrain miné sur ces questions salariales, mais aussi que c'est plus facile pour un nouvel arrivant de travailler sur ce point sensible. Par ailleurs, il a en tête les grilles de compensation à l'anglo-saxonne et il est très convaincu sur le fond que, quand on met ses billes dans un business, il faut que le management bénéficie d'un intéressement digne de ce nom pour que sa motivation reste au top. C'est grâce à lui que des bons de souscriptions au capital vont être mis en place pour les dirigeants, dont Sébastien de Lafond sera un bénéficiaire substantiel, et qui permettront aussi d'intéresser un nombre plus large de managers dans la société.

RECHERCHE CIR DÉSESPÉRÉMENT…

Avant d'en venir à la fronde des agents immobiliers, qui est un peu la cerise sur le gâteau des coups durs, faisons un petit détour par l'épisode du crédit impôt recherche (CIR). On verra ainsi qu'il ne faut pas jeter tous les fonctionnaires du fisc avec l'eau du bain et que l'obstination peut être mauvaise conseillère.

Pour pouvoir faire ses cartes et ses estimations de prix, Meilleurs Agents fait de la recherche et du développement. Il salarie des doctorants et des chercheurs et tisse des liens avec des laboratoires et des universités. Comme toute entreprise de cette nature, il a déposé dès sa première année d'existence des dossiers pour bénéficier du crédit impôt recherche, le dispositif fiscal qui rembourse en partie ces dépenses de R&D. Dès le début, ces demandes ont été acceptées pour le principal. Sauf que Meilleurs Agents, poussé et finalement mal conseillé par des consultants, a essayé d'y faire rentrer aussi les dépenses de son « personnel périphérique de recherche », c'est-à-dire, par exemple, une petite partie du salaire des ingénieurs commerciaux dont le job principal était la vente, qui ne faisaient pas de R&D *stricto sensu*, mais qui amélioraient quand même les modèles en travaillant avec les chercheurs, en leur donnant les réactions des clients, en les aiguillant sur la manière de modéliser l'impact de tel ou tel paramètre (étage, balcon…) sur la valeur d'un bien immobilier. Et donc en les faisant profiter de leur expertise sur une partie de leur temps de travail. Inclure ces prorata de temps dans le périmètre des dépenses de recherche était devenu un cheval de bataille de Meilleurs Agents… et un chiffon rouge pour le fisc qui le contestait et ne validait qu'une partie du CIR. À tort, le ton est monté, jusqu'à aller au contentieux administratif. Meilleurs Agents gagne en justice et il s'ensuit que « l'arrêt Falguière » (du nom de la société Falguière Conseil qui contrôle Meilleurs Agents) fait jurisprudence. En rétorsion (en tout cas, c'est ce que pense la société), le fisc s'est mis à contester le fait même que Meilleurs Agents faisait de la recherche. Il a dénié à l'entreprise le fait qu'elle faisait avancer la science, il a affirmé qu'elle avait peut-être fait un brin de recherche au début de son histoire avec ses algorithmes, mais qu'il n'en était plus de même. Et il lui a refusé le bénéfice du CIR à partir des années 2012-2013. Nouveaux recours aux tribunaux : Meilleurs Agents gagne la première manche, mais perd la seconde et doit rembourser quelque chose comme 240 000 euros de crédit impôt recherche indûment perçus. Nouvelle menace mortelle pour la société dont la trésorerie n'aurait probablement pas pu supporter une telle charge. À partir de cette décision de justice, Meilleurs Agents cessera de déposer des demandes de CIR, considérant qu'elles seront refusées par principe, et donc s'assoit sur cette possibilité pourtant légale et justifiée dans son cas qui avait fait rentrer dans ses caisses plus d'un million d'euros les premières années.

Ici encore, le coup dur est à cheval sur deux domaines : le financier (manque à gagner, somme à rembourser) et le psycho-managérial : temps consacré à une vaine bataille, sentiment de s'être trompé de combat, sentiment d'injustice, humiliation de voir ses travaux de recherche contestés. Thibault Remy, directeur financier à l'époque et actuel président de Meilleurs Agents, et Sébastien de Lafond vont négocier un étalement des remboursements au service des impôts des entreprises (SIE) du IIe arrondissement de Paris. Ils plaident le fait que si la société doit décaisser cette somme d'un seul coup, elle risque de mettre la clé sous la porte et que cent salariés vont être au chômage. Compréhensif, le responsable leur accorde un sursis pour un an, assorti de clauses de revoyure, mais sans obligation de siphonner leur trésorerie. Sébastien de Lafond aura été jusqu'à envoyer un dossier sur son affaire à Emmanuel Macron qui était alors ministre du Budget, avec en couverture le coq de la French Tech à qui on avait coupé la tête et un bandeau : « Le CIR m'a tuer »… Expédié par le canal officiel et remis en main propre au ministre par un de ses amis, mais resté sans réponse.

LA FRONDE DES AGENTS IMMOBILIERS

Avec la fronde des agents immobiliers clients de Meilleurs Agents, on pénètre dans la Mecque des coups durs, le Wimbledon des peaux de banane. On assiste à une partie en cinq sets pas tout à fait terminée sous certains aspects… Avec comme fil conducteur une paille. Oh ! pas grand-chose : le départ de plus d'un tiers des clients de la société à l'été 2012. Un coup de Trafalgar dont les membres du staff parlent encore comme d'une lourde porte claquée sur leurs doigts. Le conflit naît de ce que, cet été-là, Meilleurs Agents instaure un système de rendez-vous et d'abonnements payants pour les agents immobiliers, alors que son modèle initial était gratuit, du moins à l'entrée. Jusqu'alors, le site ne se faisait payer qu'au succès : il prenait 40 % de la commission sur les ventes réalisées ; en attendant, il transmettait gratuitement aux agents des mandats exclusifs signés par des particuliers souhaitant vendre leur bien. Charge aux agences ensuite de transformer ces *leads* (contacts qualifiés) en transactions rémunératrices. Les décideurs du site inventent aussi un nouveau mode de rendez-vous payants selon lequel une agence devait débourser plusieurs dizaines d'euros pour obtenir les coordonnées d'un vendeur. Ils organisent toute une série d'ateliers pédagogiques pour tâter le terrain et « évangéliser » leurs clients, ensuite de quoi, Pascal Boulenger et ses commerciaux prennent leur sacoche et commencent à démarcher. À titre indicatif, l'abonnement mensuel était de 390 euros HT par mois pour un professionnel implanté à Levallois, ramené « exceptionnellement » à 290 euros la première année s'il était un client historique du site. Ils signent les deux premières agences du côté de la porte de Saint-Cloud et de la Maison de la Radio et se disent que c'est bien parti. Mais très vite le bouche-à-oreille dévisse. Des agents appellent leurs copains, se concertent, s'échangent tout le mal qu'ils pensent du nouveau système, « commencent à se monter le bourrichon », résume un protagoniste. Le patron d'un groupe d'agences parisiennes prend la tête d'une fronde organisée. Meilleurs Agents reçoit un courrier signé de plusieurs dizaines de professionnels disant qu'ils cessent d'être ses partenaires. L'épidémie se répand, on n'arrive pas à se mettre autour de la table et au final c'est l'hémorragie : 40 % des agences partenaires à Paris coupent le cordon avec Meilleurs Agents. De 160 clients professionnels dans la capitale, sur 300 en France, l'entreprise n'en compte même plus une centaine. À Marseille, c'est huit agences sur dix qui s'en vont comme un seul homme, sans exagération. Les frondeurs en veulent davantage que ce premier succès : sur le fond, ils veulent faire plier le site Internet et lui montrer qu'ils sont maîtres de leurs transactions et du marché. Toutes les frustrations nées de l'irruption de Meilleurs Agents dans leur vie professionnelle remontent d'un seul coup à la surface.

Blitz commercial, hostilité longue

La façon dont cette crise s'est réglée peut être analysée sur deux plans. Il y a d'abord la reconquête commerciale. Meilleurs Agents se fixe d'abord un objectif de contre-attaque et de reconquête en Île-de-France. L'idée est de faire un blitz, d'obtenir la signature de 400 agents immobiliers en profitant de l'ancrage à Paris, quitte à faire temporairement une croix sur la province. Les commerciaux qui s'occupaient de la province sont associés en binômes avec leurs homologues parisiens. Un système de primes par équipe est instauré pour que tout le monde s'y retrouve. Sous l'effet de cet effort commercial, fin 2012, début 2013, l'objectif des 400 est frôlé dans le délai imparti. Au fil des mois, plusieurs agents frondeurs se réinscrivent sur le site. D'autant qu'un petit déclic intervient à ce moment-là, petit par le nombre mais grand par le prestige. Sous la houlette de son jeune directeur général, Nicolas Pettex-Muffat, toutes les agences Féau deviennent clientes de Meilleurs Agents. Si elles ne sont qu'une douzaine, ce sont des boutiques spécialisées sur le haut de gamme qui incarnent le nec plus ultra de la profession. Ce qui donne aux démarcheurs de Meilleurs Agents un argument en béton. Ils peuvent entrer dans la petite agence de quartier et dire à son patron : « Toi qui es dans le XVᵉ arrondissement tu n'as pas voulu signer avec tes copains, mais regarde : il y a Féau qui vient de signer, ce n'est pas par hasard ! »

La deuxième grille d'analyse est plus complexe. À de rares exceptions près, Meilleurs Agents n'a jamais eu la cote auprès des « têtes de réseau », les structures qui pilotent les marques d'agences franchisées comme Laforêt, Orpi, Century 21, Guy Hoquet, Barnes, ERA, etc. On aimerait bien parler d'amour-haine, mais en l'occurrence il n'y a pas tellement d'amour. Idem au niveau des syndicats professionnels comme la Fnaim ou le SNPI où le site a longtemps été reçu avec des épines. Au cours de ses conventions annuelles, le président d'une des grandes franchises françaises faisait huer les agents de son réseau qui avaient signé avec Meilleurs Agents, alors qu'en fait aujourd'hui, elles sont quelque 300 sur 800 à l'avoir fait. La base a compris l'utilité du site, mais au niveau central, pas de cadeau. Meilleurs Agents est vu par les « têtes de réseau » comme un concurrent qui fournit aux agences des services centralisés qu'elles estiment être de leur ressort. Pour un Hugues de la Morandière, patron de plusieurs agences correspondantes en France du groupe anglais immobilier de luxe Savills, qui fut l'un des premiers clients « groupés » de Meilleurs Agents, combien d'hostilité chez beaucoup d'autres par ailleurs. Sébastien de Lafond a croisé plus d'une fois le fer avec le précédent patron de la Fnaim, Jean-François Buet, lui-même agent immobilier à Dijon. En 2015, Meilleurs Agents était *persona non grata* au Salon de l'immobilier annuel qui dépend de la Fnaim. Dans les échanges de courriers entre les deux dirigeants, on trouve des phrases comme celle-ci : « Après nous avoir fait croire que les réservations n'étaient pas encore ouvertes, il nous a finalement été annoncé que c'est la présence même de notre société qui n'est pas souhaitée par les organisateurs. Pour quel motif ? » Il a fallu attendre 2016 pour que Meilleurs Agents puisse réserver un stand dans ce salon. Et beaucoup de salive et d'influence de la part de figures comme Jean-Marie Moyse, grand avocat spécialisé dans l'immobilier, qui travaille pour Meilleurs Agents depuis le début et qui a joué un rôle extraordinaire de modérateur et de facilitateur auprès de la profession durant toutes ces années. Et tout particulièrement pendant la fronde.

Entre le marteau et l'enclume

Certains réseaux d'agences immobilières ont peur de Meilleurs Agents, de son pouvoir de recommandation sur les prix et sur les agences, d'autant plus qu'il appartient maintenant à un groupe international dans lequel on trouve aussi SeLoger. Ils pensent parfois que le rapprochement des deux peut les sortir du jeu, SeLoger « captant » d'un côté les acheteurs (les particuliers qui se connectent pour regarder les petites annonces) et Meilleurs Agents « captant » les vendeurs (les particuliers qui se connectent pour estimer la valeur leur bien avant de le vendre). Que se passera-t-il quand ces deux sites, fonctionnant comme une plateforme commune, avec les 12 000 agents immobiliers abonnés à Meilleurs Agents et les millions de particuliers qui consultent SeLoger, vont mettre à tourner à plein régime ? À terme, les coups durs risquent d'être pour ceux qui n'ont pas pris le train d'une révolution digitale désormais lancé à pleine vitesse.

« Ce que j'en retiens », par Sébastien de Lafond

100 % des entreprises, et particulièrement celles qui cherchent à bousculer leur secteur, connaissent des difficultés. Ça ne fait pas « partie » du jeu, « c'est » le jeu. Vous vous lancez dans une bataille et vous savez que vous allez au-devant de mille problèmes, certains identifiés au départ et puis tous les autres qui se matérialisent en route. Et quand vous décidez de vous attaquer à la montagne de l'immobilier, à ses rentes de situation fondées sur une asymétrie de l'information (le professionnel a l'info, le consommateur pas) et au gros gâteau qui y est associé, vous vous exposez à toutes sortes d'oppositions. Nous n'avons clairement pas été déçus ! Mais je dirais que nous nous y attendions, et

même, en ce qui me concerne, que cela ajoutait du piment à l'affaire. On nous a tellement dit : « L'accès aux données détaillées des notaires, l'estimation immobilière fiable sans visite, la transparence sur la performance commerciale des agences, les mandats exclusifs signés à distance, c'est impossible, on voit bien que vous n'y connaissez rien ! » Ce scepticisme généralisé face à nos innovations a constitué pour nous un puissant moteur, tout comme l'envie d'être une sorte de Robin des bois de l'immobilier qui rend les clés du marché aux particuliers.

Alors, inutile de pleurer après si, comme prévu, on nous a cherché toutes sortes de noises. C'était écrit d'avance. La question est plutôt de savoir ce qui nous a permis de relever tous ces défis, ceux d'une start-up classique, doublé de ceux d'un secteur particulièrement résistant à la disruption. Avec le recul, il est clair que nous aurions pu craquer à de nombreuses reprises. Il a fallu faire preuve d'une sacrée résilience.

Et celle-ci s'est nourrie principalement de trois moteurs :

- nous n'avons jamais douté du bien-fondé de notre mission, c'était dur, nous n'étions pas toujours compris, mais à la fin, nous avons eu raison ;

- l'équipe des fondateurs est restée extraordinairement soudée, et quand l'un d'entre nous était au bord du burn out, ce qui nous est arrivé à tous les quatre, les trois autres étaient toujours là pour remonter le moral ou trouver une issue à celui qui était en difficulté ;

- à chaque coup dur, il y a eu une personne clé (un conseiller, un fonctionnaire, quelqu'un rencontré par « accident ») qui est allée bien au-delà de son rôle, a compris notre démarche, s'est un peu attachée à nous et nous a aidés d'une manière désintéressée et décisive.

C'est sur ce dernier point que j'aimerais insister. Je crois que quand vous poursuivez une cause plutôt juste, que vous le faites avec passion et sincérité, nombreux sont ceux, qui tels des anges gardiens, seront prêts à vous donner un coup de main. J'ai au fil du temps nourri cette conviction qu'il y en aurait toujours un de plus que nos détracteurs, et qu'au final, nous l'emporterions.

Chapitre 10

S'adapter toujours, pivoter son business model

Comment faire évoluer son activité économique sans casser sa boîte

Chamaeleo chamaeleon est le nom latin du caméléon commun d'Europe. Un animal assez peu commun d'ailleurs puisqu'il est en voie de disparition et que ses facultés d'homochromie le rendent pour le moins atypique. De son côté, le tourteau, quand il mue, voit sa carapace devenir toute molle et se retrouve en situation de vulnérabilité. Pour continuer dans la veine naturaliste, l'ornithorynque, mammifère doté d'un bec, qui pond des œufs et qui vit sous l'eau, n'est pas très commode à définir et pourrait légitimement être sujet à des troubles de la personnalité. Espèce de drôle d'oiseau aperçu pour la première fois en France en 2008, Meilleurs Agents s'inscrit dans la lignée de ces animaux surprenants : l'entreprise en a vu de toutes les couleurs, a mué, s'est cherchée à la surface et dans les profondeurs du business. Elle a enchaîné plusieurs modèles économiques avant de trouver celui qui lui rapportait vraiment. Elle a secoué sa gouvernance au rythme frénétique d'une start-up. Et ses cofondateurs ont vu leur rôle évoluer de façon drastique au fur et à mesure de la croissance, pour laisser place à des managers qui ont pris le relais. Aujourd'hui, l'ensemble a une colonne vertébrale solide et des parois lisses, mais cela ne s'est pas fait en une fois.

À CÔTÉ DE CATHERINE MAMET

Nous sommes en septembre 2008 au Salon de l'immobilier à Paris. Meilleurs Agents tient un petit stand à côté de celui des Maisons Catherine Mamet. Sur le mur du fond, en lettres blanches sur fond rouge, se lit le produit d'appel de la société : « L'assurance d'une vente immobilière réussie ». Avec, en dessous, les explications pratiques :

« 1. Estimez votre bien

2. Sélectionnez vos agences

3. Vendez vite et bien pour 4 % TTC tout compris. »

Estimation-sélection-commission : la trilogie du business initial de Meilleurs Agents est là. La société se présente comme un courtier en agents immobiliers. Elle sélectionne un panel de « meilleures » agences, comme son nom l'indique. Dans ce vivier, pour chaque vente, en fonction de leur qualité et de leur implication locale, elle en choisit deux qu'elle met en concurrence en signant avec elles et avec le particulier-vendeur un mandat exclusif partagé. Elle prend ensuite sa part sur la commission de 4 % sur le prix de vente, une fois que la transaction s'est réalisée. Tout cela boosté par l'existence d'une carte des prix et d'un outil d'estimation sur son site Internet qui servent d'aspirateur aux particuliers vendeurs. Le modèle est malin mais ingrat puisqu'il suppose de convaincre les vendeurs et les agents au coup par coup. De plus, le paiement de la commission de Meilleurs Agents n'intervient qu'à la suite de longs mois, après la signature de l'acte chez le notaire.

La société opère comme cela au démarrage parce qu'elle n'a pas le choix. C'est le seul moyen qu'elle a trouvé d'être rémunérée et de travailler avec les agents immobiliers : en leur apportant sur un plateau des mandats signés par les internautes qui fréquentent son site. Elle a déjà plus ou moins en tête sa future transformation en plateforme et peut-être aussi l'idée du système d'abonnement qui fait sa prospérité actuelle, mais, pour l'instant, elle doit d'abord se faire connaître, comprendre le fonctionnement du marché, gagner une certaine notoriété auprès du public, se forger une crédibilité auprès des agents. Les premiers temps, elle travaille avec un stagiaire qui essaie de « qualifier » les vendeurs au téléphone, c'est-à-dire de savoir si les internautes qui ont fait une estimation sur le site sont vendeurs de leur bien immobilier, et si la réponse est oui, de leur faire signer un mandat. Tout le monde s'y met *after hours* et passe des coups de fil « dans le dur », avec ce que cela suppose comme rebuffades à répétition au téléphone. Sur l'autre versant de la colline des prix, Pascal Boulenger, un des quatre cofondateurs de Meilleurs Agents et professionnel de l'immobilier, se charge de démarcher ses anciens confrères pour les convaincre de devenir partenaires du site. Après en avoir fait signer une centaine à Paris durant l'été 2008, il s'attaque à présent à la banlieue en commençant par les Hauts-de-Seine. Il part le matin et enquille des rendez-vous, poussant la porte des agences et tapant dedans à l'ancienne comme un vendeur d'encyclopédies.

UNE GUIRLANDE DE POST-IT

Pour appuyer le travail de terrain, un petit mailing est envoyé par fax aux agents immobiliers avec le concours de Jordan Sanial, cofondateur de Meilleurs Agents et « Monsieur Organisation » du quatuor, qui s'est fendu de l'achat d'un logiciel d'envoi de fax. Le courriel comporte

le logo de la société et déroule l'argumentaire suivant :
« Nous allons être mandatés par des propriétaires-ven-
deurs. Nous aimerions faire des intercabinets avec votre
agence immobilière, pourriez-vous nous contacter ? » Le
texte est formaté pour faire un peu courrier officiel et il
déclenche un paquet de retours. Quand Pascal Boulenger
et son acolyte Stéphane de Lencquesaing reviennent de
leur journée de prospection, ils trouvent une guirlande de
Post-it sur leur bureau avec plusieurs dizaines d'agences
à rappeler. Ils en signent entre 20 et 30 par mois, rame-
nant parfois des grappes quand elles appartiennent à un
même groupe. Les agents immobiliers signent pour devenir « Meilleurs Agents » avec reconduction tacite au bout
d'un an. La start-up ne leur promet pas d'objectif chif-
fré, ne s'engage pas à leur fournir un nombre minimum
de mandats. Mais elle exige que les contractants mettent
son logo sur leur porte et lui fournissent un reporting
serré de leurs transactions. Le donnant-donnant n'est pas
très équilibré, mais les agences acceptent le contrat parce
qu'elles pressentent que Meilleurs Agents va réellement
leur apporter des mandats. En février 2010, la Seine-et-
Marne devient territoire de prospection et en 2011 on
s'attaque à la province avec comme premier morceau de
choix Nice-Côte d'Azur, deuxième marché en termes
de nombre d'agences immobilières en France après la
région parisienne. Puis viennent Marseille, Bordeaux,
Nantes, Lyon, Rennes, Angers, Toulouse, Montpellier…
Tant et si bien qu'en 2014, l'équipe comptera une dizaine
de commerciaux et le nombre d'agences signataires sera
d'un demi-millier. Une progression linéaire, en somme.
Pas tout à fait, car en 2012 Meilleurs Agents a essuyé un
sérieux coup de torchon à l'occasion de son premier
changement de business model – son « premier pivot »
comme il l'appelle.

LE « PIVOT » DE 2012 ET SES CONSÉQUENCES SALÉES

L'idée « géniale » qui germe dans le cerveau de Meilleurs Agents à ce moment-là consiste à faire payer les agents immobiliers au départ et non plus à l'arrivée. Les agents sont habitués à partager les commissions sur des ventes *après* qu'une transaction a été réalisée, cela ne les gêne pas. En revanche, le système de rendez-vous payants que le site instaure en 2012, qui les oblige à ouvrir leur tiroir-caisse *avant*, leur donne carrément de l'urticaire. Meilleurs Agents, dans sa nouvelle offre « Liberté », leur propose une facturation des rendez-vous avec des particuliers vendeurs, assortie de commissions dégressives. Ainsi, une agence qui paie le rendez-vous 79 euros devra rétrocéder 25 % de sa commission. Mais si elle accepte de le payer 249 euros, elle n'en reversera que 10 %. L'équipe prospecte et s'aperçoit qu'elle tombe en terrain miné. Personne n'a jamais proposé aux agences immobilières de leur vendre des *leads* avant transaction. Cela se pratique dans l'immo-bilier neuf où il arrive que des promoteurs achètent des contacts d'acheteurs pour vendre leurs programmes, mais dans l'immobilier résidentiel ancien, cela ne se fait pas. Et les agences le prennent super mal. Elles déclenchent une levée de boucliers qui va jusqu'à la fronde caracté-risée *(voir chapitre 9, p. 152)*. Maladresse supplémentaire, Meilleurs Agents leur demande aussi de payer un abon-nement pour être visibles sur le site, en arguant que son trafic a explosé, qu'il regorge de particuliers vendeurs, que cette visibilité va leur rapporter des *leads* qui ne passeront pas nécessairement par la plateforme téléphonique du site. Comme le résume Sébastien de Lafond dans un entre-tien avec le site Immobilier 2.0 : « On ne s'est pas bien compris à ce moment-là, les agents n'étaient pas d'accord pour ce changement dont on pensait fondamentalement qu'il était positif pour eux. Ça a été perçu probablement comme un changement trop profond : on a perdu 40 % de nos clients sur ce premier business en l'espace de deux mois. On a passé un très mauvais été. »

Big stress et gros branle-bas de combat, donc, durant l'été 2012. À tous les étages de Meilleurs Agents, chacun sent passer le vent du boulet. Sébastien de Lafond cherche des solutions plusieurs heures par jour au téléphone avec Jean-Marie Moyse, l'avocat de référence à Paris sur les questions juridiques immobilières. Vincent Lemaire et Denis Kibler, les deux business angels titulaires au board, font chauffer le téléphone de voiture pour se demander s'ils vont devoir remettre au pot. L'équipe commerciale repart en conquête, non pas tellement pour ramener à la raison les agents frondeurs, considérés comme perdus provisoirement, mais pour en faire signer d'autres sur ces nouvelles offres. Si bien que, fin 2012, le calme est revenu et la courbe des agences clientes a repris une forme normale. Au-delà de l'accident industriel et de la panique à bord que ce « premier pivot » a causé, le recul montre qu'il était obligatoire sur le plan des recettes. Le modèle initial était trop laborieux, trop consommateur de ressources et ne déclenchait aucun effet de réseau, le Graal des sites Internet, la Madone de la démultiplication. Peut-être que les offres auraient pu être présentées plus diplomatiquement aux agences et que la société aurait pu s'éviter ce coup de stress. Mais la décision de passer à un modèle d'abonnement payant avait été prise par l'ensemble des membres du board et elle a ensuite été assumée collectivement. Il s'agissait d'un choix stratégique qui a enclenché la croissance future.

Coup de frein à « l'évangélisation »

Dans un registre plus subjectif, ce « pivot » controversé de 2012 a entraîné une sorte de mue intellectuelle qu'on peut traduire par « l'arrêt de l'évangélisation ». Dans le modèle initial et dans le nom même de l'entreprise, il y a la notion de sélection et d'amélioration des pratiques. Avec un brin d'esprit missionnaire et la conviction d'avoir raison. En gros, l'immobilier n'est pas un univers transparent, les agents immobiliers ont un train de retard, Meilleurs Agents va vous apprendre à travailler. Sympa pour des agences familiales installées depuis trois générations à Paris ou à Limoges et qui tournent comme des horloges. La brutalité de la réaction au « pivot » de 2012 a peut-être conduit Meilleurs Agents à revoir sa ferveur et à accepter que les pratiques des professionnels de l'immobilier étaient ce qu'elles étaient, qu'elles pouvaient s'améliorer sans doute, mais sans passer par la case « révolution », sans vouloir faire le bonheur des agents malgré eux. En revanche, il fallait continuer à mettre en place une vraie révolution de l'information immobilière grâce à la sophistication des couches de données, aux algorithmes, aux doctorants, etc. Cette prise de conscience que la sélection des « Meilleurs Agents », au sens donneur de leçons du terme, n'était peut-être pas la panacée, a entraîné l'ouverture du site au plus grand nombre. En 2012, l'instauration des abonnements et des rendez-vous payants était encore réservée à des agences sélectionnées par Meilleurs Agents et qui satisfaisaient à un cahier des charges. À partir de 2015, date du « deuxième pivot » de la société, ce filtre préalable disparaît. Tout agent immobilier qui le souhaite peut devenir client de Meilleurs Agents et c'est au particulier de décider si c'est ce professionnel qui lui convient pour s'occuper de sa vente.

Cette démocratisation va être salvatrice pour la société puisqu'elle va lui permettre d'enfin *scaler* son activité. Le nombre d'agences abonnées payantes passe de 600 fin 2014 à 1 500 en 2016 après le « deuxième pivot ». Il est aujourd'hui de l'ordre de 12 000, avec toute une série de solutions de visibilité et de services supplémentaires vendus à celles qui le souhaitent – y compris un système de partage de commissions sur les ventes qui subsiste du modèle initial de 2008 et qui représente aujourd'hui entre 15 et 20 % du chiffre d'affaires. Ce qui fait que la monétisation tourne à plein régime.

Des consultants à bord de la plateforme

Bien que les consultants ne soient pas la tasse de thé de Meilleurs Agents, de temps en temps l'équipe en choisit un. Ou plutôt deux, en l'occurrence, puisqu'il s'agit du couple formé par Benoît et Laure-Claire Reillier, auteurs du livre *Platform Strategy* (Dunod, 2018) et fondateurs de la société Launchworks & Co. Experts reconnus des plateformes digitales, ils interviennent fin 2017 à la suite de la mise en place du « deuxième pivot ». Leur mission s'avère cruciale car ils vont faciliter la mue de Meilleurs Agents vers un modèle de plateforme. Quand ils débarquent dans les locaux de la start-up, celle-ci n'est pas encore optimisée pour fonctionner en plateforme. Le modèle d'ouverture est déployé dans certaines régions, mais l'« historique » (le sélectif) tourne encore en parallèle. Ce qui suscite des tensions en interne et en externe : commerciaux déboussolés par les nouveaux objectifs et les nouveaux systèmes de rémunérations, agents immobiliers sceptiques, etc. Comme en 2012, le « pivot » ne se fait pas sans douleur. Sébastien de Lafond demande à Launchworks & Co de pratiquer un audit stratégique du business en se concentrant sur la partie plateforme et d'identifier des thèmes et des facteurs limitatifs de la croissance : « Quels sont les deux-trois goulets d'étranglement qui nous empêchent de grandir et de passer à l'étape supérieure ? » Le diagnostic dure trois mois de manière assez intense. Les consultants cuisinent les membres du Codir à plusieurs reprises, interrogent des clients et des agents et analysent les nombreuses données disponibles. Ils mappent les différentes fonctions du business et, dans leur restitution, soulignent l'existence de deux problèmes :

1. la mise en relation entre les agents immobiliers et les vendeurs ne se fait pas de manière aussi optimale qu'elle le devrait ;
2. Meilleurs Agents éprouve des difficultés à retracer l'ensemble des transactions réalisées par les agents grâce à la plateforme et donc à se faire payer.

NETWORK EFFECTS : LA BOUCLE DE RENFORCEMENT

Launchworks & Co pointe aussi du doigt un sujet fondamental : l'importance de la confiance pour renforcer les effets de réseaux sur la plateforme. Or ils ont identifié un souci dans la manière dont celles-ci sont hiérarchisées. Selon que le particulier fait une estimation en ligne, qu'il regarde la carte des prix ou qu'il va dans l'annuaire, ce ne sont pas les mêmes agences qui remontent, qui lui sont proposées pour faire sa transaction. Ce qui peut tuer la confiance. Meilleurs Agents a appliqué les recommandations des consultants. Elles lui ont donné une partie des recettes pour fluidifier sa plateforme et bénéficier des fameux effets de réseaux, les *network effects*, qui fonctionnent comme des boucles de renforcement positives.

Plus il y a d'agents immobiliers inscrits sur le site, plus il y a de références de prix de biens vendus, plus le site peut nourrir ses algorithmes, meilleurs en deviennent ses prix et ses cartes, plus les particuliers viennent les consulter, plus de nouvelles agences s'abonnent et ainsi de suite. La force amène la force qui amène la force. Et sur le site de Meilleurs Agents, il y a au moins une dizaine de *network effects*. En effectuant la bascule de 2016, le groupe s'est débarrassé de ses oripeaux de « Meilleurs Agents », l'élite de la profession, et a revêtu l'habit de « meilleure plate-forme », l'élite d'Internet, avec tout ce qui en découle : chiffre d'affaires engrangé massivement dès le début de l'année puisqu'il s'agit d'abonnements récurrents, marge colossale sur le chiffre d'affaires, avance concurrentielle importante, matrice facile à répliquer dans d'autres pays… La conclusion d'une série de Mues avec un grand M.

« Ce que j'en retiens », par Sébastien de Lafond

Dans mon bureau du boulevard Haussmann, il y a quelques cadres attachés au mur avec de magnifiques papillons. Ils participent à la déco, certes, mais sont aussi là pour rappeler qu'une start-up est en permanente évolution, qu'elle passe nécessairement par des transformations plus ou moins profondes. Vivre et accompagner ces mutations comme un processus naturel me paraît essentiel. Être prêt à modifier son modèle économique, son organisation, son équipe dirigeante aussi souvent que nécessaire et sans tabou sont autant de conditions à la réussite de l'entreprise dans un monde économique somme toute très darwinien.

Mais tout cela est plus facile à dire qu'à faire…

Il est raconté plus haut comment nous avons « pivoté » à plusieurs reprises en modifiant notre offre commerciale, à la fois vis-à-vis des agences comme des particuliers, tout comme le fonctionnement général de la plateforme. Il ne faut pas se voiler la face, chacune de ces évolutions s'est faite dans la douleur. En interne au sein des équipes, auprès du board et bien sûr avec nos clients, surtout les agences, changements de modèle ont rimé avec périodes de doute, fortes résistances pour ne pas dire crises généralisées. Bref, il faut une sacrée dose de pédagogie et de détermination pour surmonter ces nécessaires métamorphoses. Mais une fois que vous avez décidé d'y aller, il faut y aller à 100 % et ne plus jamais vous retourner.

Car si vous donnez le sentiment d'hésiter dans ces périodes de transition, vous êtes cuits.

Chapitre 11

S'adapter encore en bousculant l'organisation

Comment repositionner les managers historiques pour qu'ils restent motivés et utiles à l'entreprise

Dans le poste de pilotage, ceux qui voulaient s'endormir sur leurs lauriers entre chaque évolution du business model ont été vite réveillés par l'alarme. La structure de la gouvernance de Meilleurs Agents a changé à peu près tous les douze à dix-huit mois. Certes, le board a joué un rôle central du début de l'aventure jusqu'à la cession à Axel Springer, avec les changements de personnel décrits. Mais le comité de direction (Codir) qui n'a commencé qu'en réunissant les quatre cofondateurs le mercredi soir, a ensuite grossi avec l'entreprise, jusqu'à devenir moins influent et à être rétrogradé dans la hiérarchie des organes de décision. Récit de ces quelques réglages au sommet de la pyramide et de la façon – intimement liée – dont les cofondateurs de la société ont évolué dans leurs jobs.

TABLEAUX DE BORD À L'HÔTEL

Les premières années, en plus de ses réunions hebdomadaires au Codir, le quatuor des cofondateurs effectue un point annuel au mois de décembre. Ils joignent l'utile à l'agréable en passant quarante-huit heures ensemble à l'hôtel L'Étang de Corot de Ville-d'Avray. Bonne bouffe, bon film le premier soir, plutôt du genre Belmondo que Bergman, et après une bonne nuit de sommeil on se coltine tout un assortiment de tableaux chiffrés et de thèmes de réflexion le lendemain matin : sur l'orientation de la société, son niveau d'ambition, ses acquis et ses blocages. Ils sortent de là avec des idées claires sur ce qui a fonctionné ou non durant les mois précédents et sur les moyens de s'améliorer. En 2010, le Codir s'élargit à Thibault Remy, recruté comme directeur financier. Il prend ensuite de l'embonpoint jusqu'à être capable de digérer huit personnes, suivant la logique qu'il fallait constamment y intégrer les nouvelles compétences correspondant aux extensions de l'entreprise. Le résultat ne se fait pas attendre : il devient trop lourd pour être un organe décisionnaire. Parallèlement, depuis 2010, Sébastien de Lafond invite chaque année un de ses copains de promotion à HEC, Olivier Boulard, consultant en organisation, à intervenir durant une journée auprès de la direction pour scanner la gouvernance de Meilleurs Agents. Ces rendez-vous annuels ont pris le nom de « Bouliworld », le monde de « Bouli ». Tant et si bien qu'en 2016, lors d'un de ces fameux « Bouliworld », il est décidé de coiffer le comité de direction d'un comité exécutif (Comex) resserré.

PROMOTION INTERNE AU COMEX

Cette décision se révèle tout sauf anodine puisqu'elle comporte en réalité une certaine violence et qu'en même temps elle donne un signal très fort. Violence parce que, à l'exception de Sébastien de Lafond qui reste président et membre du Comex, les trois autres cofondateurs en sont écartés. Ils cèdent les rênes opérationnelles de leur bébé porté sur les fonts baptismaux en 2008. Signal parce que le Comex s'ouvre aux quatre principaux directeurs de Meilleurs Agents qui sont des salariés issus à titres divers de la promotion interne : Thibault Remy (Finances et RH), Olivier Daligault (Opérations, entré comme consultant dans la boîte et qui a gravi les échelons), Nicolas Baron (Technologie, entré comme *Lead Data Ingénieur* et promu lui aussi en interne), Sophie Blanco (Marketing et Communication). Oyez, salariés ! L'ascenseur interne fonctionne ! Il n'y a pas de fauteuil à vie sur l'Olympe ! Sur le plan managérial, c'est coup double, avec le bénéfice supplémentaire que ce Comex resserré à cinq personnes a toutes les caractéristiques d'un athlète de haut niveau, dont les membres sont les patrons des départements.

À partir de 2016, le Comex devient le poste de commande de Meilleurs Agents et c'est une structure qui opère toujours ainsi dans le contexte Springer. Le comité de direction, de son côté, va continuer à s'étoffer, passant à 10, puis 12, puis 15 membres qui se réunissent désormais chaque mois. Il est devenu un organe de coordination et de diffusion de l'information en interne, rôle dévolu auparavant à un comité de coordination (Cocor), créé pour exister sous le Codir et qui a disparu à l'arrivée du Comex (sinon cela aurait fait trois étages). Si vous voulez titiller le business angel Vincent Lemaire, parlez-lui de ce Codir de 15 membres dans une société de la taille de Meilleurs Agents qui aurait plutôt eu besoin, selon lui, de recruter des commerciaux. Il est assez porté sur l'expression « armée mexicaine ».

Sur la route des OKR

Autre mue de la gouvernance concernant moins les instances que les processus décisionnels : le passage aux Objectives and Key Results (OKR) en 2016. Il s'agit d'un mode de fixation des objectifs inspiré de méthodes californiennes d'abord développées chez Intel, puis revampées, réimaginées, et reprises par la suite chez Google. Sans OKR, Meilleurs Agents fonctionnait en suivant une sorte de *roadmap* glissante qui pouvait être modifiée tous les trimestres pour atteindre les objectifs de l'année. Avec la méthode OKR, trois grands objectifs sont fixés en début d'année et calés une fois pour toutes. Ce sont les équipes qui déterminent ensuite au fur et à mesure quels produits et services développer pour tenir ces objectifs. Du coup, le board n'a plus de *roadmap* à se mettre sous la dent à chaque session, ce qui fut une source de stress évidente pour certains des actionnaires. En revanche, l'énorme vertu de la méthode est de faire descendre la responsabilité des sujets au sein de l'organisation. Elle se traduit par une forme de lâcher-prise pour le board et pour le Comex et par une prise de pouvoir par les équipes. À tel point que sur beaucoup de sujets, si les membres du Comex ont encore voix au chapitre, ce sont les jeunes qui pilotent…

La première année, il y avait sept OKR, ce qui était trop. Les années suivantes, trois, comme les trois présentés en mars 2020 par Sébastien de Lafond devant l'ensemble de l'effectif. Premier OKR : « Les propriétaires viennent et retournent régulièrement sur Meilleurs Agents. » Deuxième OKR : « Les particuliers, quand ils viennent sur notre site, ne doivent pas faire qu'une estimation en ligne. Il faut qu'ils choisissent leurs agences immobilières chez nous. » Troisième OKR (un peu téléphoné celui-là) :

« Faire en sorte que notre intégration au groupe Axel Springer soit une réussite. » On voit que c'est à la fois suffisamment clair et quasiment modulable à l'infini.

LA REFONDATION DES COFONDATEURS

Si la gouvernance de Meilleurs Agents peut être illustrée par quelques cas personnels, c'est du côté des cofondateurs qu'il faut se tourner. La réussite de Meilleurs Agents ne se résume pas aux cofondateurs. Ce serait faire insulte à tous ceux qui ont pris des responsabilités depuis dix ans dans cette entreprise et qui lui ont donné le meilleur d'eux-mêmes. Mais, d'une part, leur apport est colossal parce que ce sont eux qui ont construit les fondations. Julien Cheyssial a été le Chief Technology Officer jusqu'à ce que l'équipe technique comporte une vingtaine de personnes. Pascal Boulenger avait porté le réseau d'agents immobiliers partenaires à près de 700 quand il a passé la main. Jordan Sanial s'est occupé de « tout le reste » dès le début : recrutements, comptabilité, fonctions support, location de bureaux, téléphonie, matériel et gestion de centre d'appels, ce qui est loin d'être une promenade de santé. D'autre part, combien de start-up et d'entreprises en général explosent en vol à cause d'un désaccord entre cofondateurs ou bien parce qu'un « historique » de départ s'accroche à un poste de direction où la relève est plus performante ? Combien de validations nuisibles du principe de Peter, de « kystes » et de schismes déstabilisateurs ? La très grande particularité de Meilleurs Agents, qui ne nous semble pas si commune, c'est qu'elle a su faire évoluer ses fondateurs – dit plus clairement : les rétrograder au profit de top managers – sans qu'ils s'en aillent, sans qu'ils détruisent, et tout en les gardant engagés. De manière très concrète, à part Sébastien de Lafond, 100 % des cofondateurs ont changé de job, se sont retrouvés au milieu de l'organisation alors que ce n'est pas la trajectoire classique des fondateurs, et ont repris des places où ils s'épanouissent. En réussissant à rester parfaitement soudés. D'une manière générale, sur tous les événements importants de la vie de la société, que ce soit le financement, les déménagements, les changements de business models, les changements de législation, ils ont toujours réagi avec une cohésion, une rapidité et surtout une cohérence dans la mise en place de solutions qui est assez exemplaire.

COUP SUR LA TÊTE ET SOULAGEMENT

Qu'est-ce qui manquait aux cofondateurs à un certain stade ? Essentiellement des *skills* de management. La capacité à gérer les hommes. Former les collaborateurs aux étages d'en dessous, les lignes de commandes, le coaching, le reporting. Tout un talent particulier qui n'était pas nécessairement celui qu'ils avaient le plus développé. En revanche, ils partageaient la même capacité à faire, à trouver des solutions avec très peu de moyens, à donner l'exemple, à encaisser une charge de travail colossale, un niveau de stress à la limite du soutenable, dans des proportions hors du commun. Ce qu'ils ont continué à faire à une échelle différente de celle du début et à un endroit de la société où c'était réellement utile.

Essayons de nous mettre à la place de Pascal Boulenger. C'est lui qui avait lancé toute la construction du réseau d'agences immobilières partenaires : les 100 premières agences clientes de l'été 2008 qu'il a convaincu de signer chez Meilleurs Agents sur la base d'un PowerPoint !

La quintessence du vendeur ! Quelqu'un qui aime les deals, les clients, la transaction. Qui sent les choses et les gens mieux que personne. Il a porté le réseau jusqu'à 700 agences partenaires et il animait une équipe de commerciaux de terrain répartis partout en France. Mais c'était de moins en moins son truc. La gestion industrialisée, les KPI (Key Performance Indicators), les tableaux de performance, les revues de management : pas sa came. Il était déstabilisé, en plus, par les « pivots » des business models. Et n'était pas le manager idoine pour faire passer le réseau de 700 à 12 000 agences. Meilleurs Agents a fait venir Loïc Boppe, du Crédit Foncier, qui avait quelques années de plus que lui et qui avait déjà géré des équipes commerciales plus larges. Est-ce que cela a été dur ? Oui. À la fois un coup sur la tête et un soulagement. Un nouvel arrivant reprend toute la direction de ce qu'on a monté. Premier réflexe : on se dit qu'on n'a pas le niveau… Qu'on a fait de belles choses, mais qu'on n'arrive plus à suivre… Et puis après, c'est le business et on accepte que dans le business il y ait des gens qui sont plus « métier » et d'autres plus « management ». Et on trouve une solution en puisant dans ses réserves et aussi grâce à l'appui de la boîte et des autres cofondateurs solidaires. Et on se reconvertit en créant Meilleurs Agents Patrimoine (MA Patrimoine), un domaine d'activité différent du *core business*, presque détachable, dont on avait l'idée depuis quelque temps.

UNE DIVISION AVEC UN GROS POTENTIEL

MA Patrimoine, c'est le service de vente immobilière dédié aux propriétaires institutionnels : APHP, Hôpitaux de Marseille, fondations, associations comme Perce-Neige, banques… Des organismes qui gèrent des parcs immobiliers dont elles ont souvent hérité dans le cadre de successions et qui ont besoin de l'évaluer et de régulièrement gérer des transactions. MA Patrimoine apporte une solution nationale, prototypée, transparente, contrôlée pour évaluer et vendre ces biens au travers de ses agences immobilières partenaires. C'est venu naturellement et c'est une branche d'activité à fort potentiel. Voilà ce qu'a dirigé Pascal Boulenger à la suite de son remplacement par Loïc Boppe (et jusqu'à la cession de ses parts à Axel Springer et son départ de l'entreprise un an plus tard). Une petite structure à taille humaine où l'on peut croire qu'il s'est éclaté.

Topo du même tonneau du côté de Jordan Sanial. Outre « faire tourner la plateforme avec une Freebox », comme le dit la geste de Meilleurs Agents, c'est lui qui a recruté les premiers commerciaux chargés de contacter les particuliers pour leur faire signer des mandats de vente. Jordan Sanial a assuré la formation et la mise en route de ces équipes confrontées à des défis commerciaux assez hallucinants parce que les particuliers n'aiment pas être dérangés au téléphone et que le modèle Meilleurs Agents est un ovni. Il a d'abord géré quatre personnes au sein de « la Bulle », l'ancien bureau aux parois vitrées qui accueillait le centre d'appels dans les locaux de la rue des Volontaires. Puis 10, avec le recrutement d'un premier chef d'équipe. Puis 30. Puis 60. N'ayant pas 30 ans et n'ayant jamais fait cela auparavant (il est ingénieur). Passant son temps à recruter et à virer des mecs, l'un des jobs les plus durs de la boîte : pression du résultat et du chiffre, remise à zéro des compteurs chaque mois, gestion d'un grand nombre de vendeurs volatils, caractériels, grugeurs, qui grattent sur tout et sur rien. À quoi s'ajoutent le turnover et toutes les problématiques RH : on perd tout le temps des commerciaux, il faut en recruter, faire les entretiens, trouver des bons, les former, les amener à maturité, à un niveau de performance standard… Un énorme taf. De quoi arriver en situation de pré-burn out. Fatigué physiquement. Commençant à se demander s'il ne fallait pas faire des changements majeurs dans la manière de procéder de Meilleurs Agents, par rapport à son modèle économique, etc. Et puis ayant besoin de prendre du recul, d'autant qu'un deuxième gamin venait d'arriver dans la famille Sanial. C'était le bon moment pour passer les clés du camion à Olivier Daligault qui a repris son poste d'abord en transition (septembre 2014) puis de manière pérenne (début 2015). Et qui s'est chargé de passer la surmultipliée pour développer le plateau B2C, industrialiser le plateau B2B, jusqu'à en faire de véritables corps d'armée.

LE BON CRÉNEAU POUR INGÉNIEUR FANTASTIQUE

Pas facile à avaler non plus, malgré le soulagement, là encore. Jordan Sanial a eu besoin d'un peu de temps pour se repositionner vraiment dans l'entreprise. Il a fait des missions à droite, à gauche, aidé à mettre en place des partenariats, apporté sa vision à Sébastien de Lafond sur les nouvelles entités du business, accompagné la transition avec Daligault. Et puis, de fil en aiguille, il s'est concentré sur le nouveau plateau B2B, celui de la conquête, celui qui commençait à vendre la nouvelle offre d'abonnement dans toute la France. Avec un jeune collaborateur, il a passé du temps à équiper ce plateau sur le plan technique, à maintenir ce qu'il avait mis en place sur le plateau B2C historique, à faire évoluer les outils de CRM, à accompagner la montée en charge de la téléphonie et des process.

C'est-à-dire à faire un travail de mise en place et d'organisation qui lui convient parfaitement. Le bon créneau pour ce Géo Trouvetout, cet ingénieur fantastique.

Et quant à Julien Cheyssial, ce qui est amusant, c'est qu'après son repositionnement, ou plutôt ses repositionnements par rapport à son job initial, lui qui n'est absolument pas financier, puisque c'est un ingénieur et un développeur informatique, il va se retrouver embarqué dans la capsule des négociateurs du deal avec Springer. Et ce, jusqu'aux extrêmes limites de la dangerosité, jusqu'à ces affrontements dans des salles de conseil d'administration où naviguent de gros requins qui veulent vous manger. Pour refaire rapidement la genèse, Julien Cheyssial a d'abord monté toute la partie informatique et technologique de Meilleurs Agents, le site Internet, le référencement, etc. En 2015, il était le patron du département Tech-Produits avec Nicolas Mussat comme adjoint, ce dernier ayant lui-même rejoint l'entreprise dès 2008 pour programmer le back-office. Le tandem fonctionnait bien, dans le style un peu informel et créatif des débuts de l'entreprise. Jusqu'au moment où Sébastien de Lafond a trouvé que c'était un peu le bazar. Il considérait qu'il n'y avait pas la capacité de faire croître l'équipe technique fortement et il a voulu muscler le process et l'organisation. D'où l'arrivée d'un copain consultant, Marc-Antoine Garrigue, qui avait fait ses classes chez Octo Technology, monté plusieurs start-up et dont la mission première était d'aider à préparer un « pivot » du business model. Il s'est assis quelques mois à côté d'eux pour bosser puis déjeuner ensemble et mettre les sujets sur la table, de manière plus directe, plus cash, bousculant parfois leurs croyances : voir ce qui fonctionne, ce qui ne marche plus, comment on peut résoudre des situations entre ces deux hommes qui collaborent depuis huit ans. Julien Cheyssial n'avait pas une énorme aptitude managériale, tout en étant obligé d'aller de plus en plus sur ce terrain puisque l'équipe grossissait et que Nicolas Mussat restait un peu frustré par son sort d'adjoint. Au final, en 2016, Julien Cheyssial cède la direction Tech à son bras droit, Nicolas Mussat (qui sera lui-même borduré peu de temps après par l'arrivée de Nicolas Baron, ce qui entraînera son départ), et se concentre désormais sur les Produits. Un domaine où sa stratégie et sa vision le rendent excellent. Penser les outils, optimiser les service proposés sur le site, créer des offres, faire en sorte que l'expérience utilisateur soit optimale : le terrain de jeu parfait pour cet *action man* qui aime être dans les tranchées avec les gars.

« SE TUER UN PEU SOI-MÊME »

Cette évolution touchera toutefois ses limites. Le glissement de Julien Cheyssial sur la seule partie Produits est compliqué par l'historique de la société. Son étiquette de fondateur fait que son poids dans les discussions est très fort, ce qui rend la tâche de son successeur difficile. Dans les *learnings* de cette première passation, Julien Cheyssial dit avoir appris que dans le cadre d'une transmission, « il faut se tuer un peu soi-même », et il croit avoir retenu la leçon lors de la passation suivante, qui interviendra début 2019. En janvier de cette année-là, sur demande de Sébastien de Lafond, il se repositionne pour la deuxième fois en transmettant la responsabilité de l'équipe Produits à un manager interne, Christopher Parola, se mettant beaucoup plus fortement en retrait, cette fois, pour créer la place nécessaire, pour permettre à son successeur de planter son drapeau à lui.

Cette dernière évolution va lui permettre de se réinvestir dans un rôle à sa mesure. Dans son agenda 2019, Meilleurs Agents a un « événement de liquidité » à l'ordre du jour : il faut trouver de nouveaux investisseurs susceptibles de racheter la part d'Alven qui a remis au pot en 2016 sous condition de sortir trois ans plus tard. Cet « événement » qui débouchera sur la vente à des Germains commence par un travail de Romain : il faut mandater une banque d'affaires, travailler avec elle, produire une masse de documents inimaginable. C'est en principe le rôle de Thibault Remy sur toute la partie financière et juridique et celui de Sébastien de Lafond comme figure de proue des discussions avec les uns et les autres. Mais la tâche est vaste, Julien Cheyssial a du temps à consacrer à ces questions et il aime ça : ils forment un trio avec Sébastien de Lafond et Thibault Remy qui va s'avérer parfaitement calibré pour faire le deal. Il retrousse ses manches pour aller chercher des données, produire les indicateurs demandés, les mettre en forme, nourrir des reportings, faire tout ce qu'il faut pour présenter la société sous ses plus beaux atours. Au passage, et ce n'est pas un moindre détail, il retrouve avec Sébastien de Lafond une complicité, un mode de fonctionnement très proche de la connivence qu'ils avaient eue pendant des années, penchés à deux sur un ordinateur portable, en train de plancher sur le même document. Ils retrouvent le plaisir de bosser ensemble qu'ils avaient un peu perdu. Officiellement, son job est d'être directeur de la Stratégie et de l'Innovation, opérationnellement, il s'occupe de toute la partie analytique, met en lumière des tonnes de chiffres révélateurs sur la plateforme : combien de comptes se créent chaque jour ? Quelle est la proportion des vendeurs ?... Si bien qu'on le retrouve quelques mois plus tard, un jour de juillet 2019, aux côtés de Thibault Remy et de Sébastien de Lafond, dans les étages d'un immeuble de bureaux en Allemagne.

MEN IN BLUE MARINE

Nos trois Meilleurs Agents à Berlin se sont rendus au siège de Springer pour essayer d'emporter les dernières réticences. Axel Springer a fait une approche à 200 millions d'euros pour racheter la totalité de Meilleurs Agents, mais le deal est loin de faire l'unanimité en interne. Notamment dans l'équipe Merger & Acquisition (M&A) où l'on estime que le site français vaut beaucoup, beaucoup moins cher. Pour faire bloc, pour montrer que trois hommes n'en font qu'un, qu'il n'y a qu'un seul discours, et pour faire classe, les trois Français sont habillés de la même manière : costume bleu marine, chemise blanche sans cravate, chaussures noires transformées en miroirs. Et donc ils se retrouvent devant le *Vorstand* (le directoire) de leur futur acquéreur. Sébastien de Lafond est au milieu, juste en face du boss du conglomérat allemand, Mathias Döpfner, un incroyable Hulk de 2,11 m ayant la faculté d'intimidation d'un porte-avions. Julien Cheyssial est à sa droite, Thibault Remy à sa gauche. À brûle-pourpoint, Mathias Döpfner interrompt brutalement la péroraison des *Franzosen*. Il chope Sébastien de Lafond par le regard et lui balance : « Nous n'avons pas l'habitude d'acheter des entreprises comme la vôtre en totalité. Je pense que nous allons vous faire une offre sur une partie de votre capital »…

En une fraction de seconde, le destin de l'opération se joue. Les Français ne veulent à aucun prix d'un rachat partiel qui les laisserait actionnaires minoritaires d'un groupe sur lequel ils n'ont aucune prise. Si Sébastien de Lafond bafouille, tourne autour du pot, ne serait-ce que baisse les yeux, tout le monde autour de la table va sentir qu'il y a une faille et qu'on pourra s'y engouffrer. Bienvenue dans le monde des requins. Mais le patron de Meilleurs Agents ne cille pas. Il répond du tac au tac que c'est à prendre ou à laisser, qu'ils ont d'autres opportunités en réserve. Döpfner comprend que son bluff a échoué. La tension retombe. Axel Springer va bien confirmer son offre.

« Ce que j'en retiens »,
par Sébastien de Lafond

Le vrai sujet, probablement le plus sensible sur le plan humain, concerne évidemment l'évolution du management. Quand on monte une boîte, comme fondateur qui a tout vu, tout connu depuis le premier jour, qu'on a monté son équipe de geeks, de commerciaux ou autres à partir de zéro et qu'un jour on vous dit : « Tu sais, il est temps pour toi de passer la main, untel est probablement plus compétent que toi pour conduire l'équipe à l'étape suivante », on a beau être un garçon intelligent, sympa, à l'esprit ouvert, la pilule n'est pas du tout, mais alors pas du tout facile à avaler.

Le scénario s'est pourtant reproduit trois fois, avec Pascal d'abord, déléguant la responsabilité du recrutement des agences immobilières, puis avec Jordan, se désistant du centre d'appels et enfin avec Julien, cédant en plusieurs étapes les responsabilités techniques et produits. Chaque fois au profit d'un manager, non fondateur, considéré, à un moment donné, comme mieux armé pour structurer et diriger une équipe dont la taille, les compétences, l'organisation avaient beaucoup changé. Là encore les transitions ne se sont pas faites du jour au lendemain ni sans difficulté. Il y aura eu quelques prises de bec entre fondateurs, jamais dramatiques mais pas agréables non plus. Ça a toujours été à moi de soulever ces sujets, avec l'intéressé d'abord, puis avec les autres cofondateurs, avant même d'en parler au reste du management. Et la force incroyable de notre quatuor, c'est que nous nous sommes toujours entendus sur le diagnostic. Celui qu'on devait convaincre de « bouger » savait que les trois autres en avaient parlé et partageaient l'analyse. Si j'avais été seul à réfléchir et à décider, les choses ne se seraient jamais aussi bien passées. Pour ne citer qu'un exemple, je sais que Julien était furieux contre moi début 2019 quand on lui a demandé de confier l'équipe Produits à Christopher Parola. Julien est le type le plus brillant que je connaisse en matière de tech et d'innovation et j'adore travailler avec lui. Mais l'organisation nécessaire au bon fonctionnement d'une équipe produits d'une entreprise de 300 personnes et les compromis qui vont de pair n'étaient clairement pas sa tasse de thé. Jordan et Pascal pensaient comme moi, leur intervention auprès de Julien nous a permis de passer ce cap difficile. En attendant que Julien retrouve une place centrale dans l'entreprise.

Ce qui ouvre un dernier élément pour comprendre comment nous avons su préserver le groupe des quatre fondateurs au-delà des réorganisations. En plus de rester des actionnaires importants et de conserver leur présence au board, Pascal, Jordan et Julien ont su retrouver, bien sûr en étant accompagnés, des fonctions clés et épanouissantes dans l'entreprise. Après une période de spleen, Pascal m'a souvent répété qu'il n'avait jamais été plus heureux qu'en développant Meilleurs Agents Patrimoine, le service qu'il a créé pour servir les propriétaires institutionnels. Quant à Jordan, aux commandes de l'équipe Scale, en charge de toutes les infrastructures techniques et logicielles supportant l'activité de l'entreprise en dehors du site Internet, je l'ai retrouvé heureux, engagé, à fond, comme aux premiers jours.

J'ai, au final, beaucoup d'admiration pour mes trois copains. Bien sûr, pour tout ce qu'ils ont fait pour que Meilleurs Agents passe d'une présentation PowerPoint à une entreprise florissante, mais aussi pour le message qu'ils passent à tous les entrepreneurs. Nous rencontrons tous un moment où il faut passer le relais, moi compris, comme nous le verrons au dernier chapitre. Mais l'accepter avec intelligence et se réengager pleinement en soutenant ceux qui vous succèdent, comme Jordan l'a fait avec Olivier Daligault, Pascal avec Loïc Boppe ou Julien avec Nicolas Baron, n'est probablement pas si courant. Respect les gars.

Chapitre 12

Chercher le jackpot
sans perdre le Nord

Préparez votre sortie capitalistique longtemps à l'avance, mais ne gérez pas votre entreprise en fonction de cela

Ils sont à la Tour d'Argent, le vendredi 27 septembre 2019. Tous réunis autour d'une grande table de l'étoilé pour un déjeuner de célébration : les fondateurs de Meilleurs Agents, plus Thibault Remy, Chief Financial Officer. Le matin même, ils ont signé avec Axel Springer le *Share Purchase Agreement* qui entérine la vente de la totalité de leurs parts pour 200 millions d'euros. La conclusion de onze ans d'un travail de dingue, de grands moments et de coups durs. La conclusion parfaite, surtout si l'on considère que le montant est payé en cash et pas en papier comme dans beaucoup de deals de cette taille. Mais un détail tracasse Sébastien de Lafond : le virement de la somme qui se fait attendre. UBS, la banque que Thibault Remy a chargée des modalités de l'opération, n'a pas reçu les fonds des Allemands dans la matinée, comme cela aurait dû être le cas. Avant de partir au restaurant, le président de Meilleurs Agents a demandé à ses conseils de surseoir à l'échange des documents avec ceux de Springer. Ce n'est pas qu'il craigne de ne pas être payé : Axel Springer n'est pas un escroc, quand même. Mais cet ancien banquier d'affaires connaît la musique. Tant que les fonds ne sont pas versés, une affaire ne peut pas être considérée comme conclue. Vers 13 h 30, la banque avertit Thibault Remy que la somme vient enfin d'être créditée. Il répercute immédiatement la bonne nouvelle aux convives. Soulagement et euphorie générale !!!… Alors là, on peut vraiment déboucher le champagne.

TROIS ANS POUR PRÉPARER LA SORTIE

Dans la réalité, la vente de l'entreprise a démarré en octobre 2016, le jour d'une levée de fonds importante pour le financement de la croissance de Meilleurs Agents. À cette occasion, le fonds financier Alven puise pour la cinquième fois dans ses caisses au bénéfice de la société. Mais comme la patience a des limites, il pose comme condition de pouvoir récupérer ses billes trois ans plus tard, dernier carat. Le management est prévenu : il va devoir trouver un ou plusieurs nouveaux investisseurs – dans le jargon : « organiser un événement de liquidité » – pour remplacer Alven avant l'été 2019. Sans compter tous les autres actionnaires qui voudront peut-être « sortir » au même moment. Certains des fondateurs sont un peu rincés et ne roulent pas sur l'or. Ils ne verraient pas d'un mauvais œil la vente de la moitié de leurs parts. Un bon petit fonds anglo-saxon qui passerait par là, ce serait pas mal. Tout en éprouvant déjà un pincement au cœur : la boîte est en pleine bourre, en phase de forte accélération, ils sont persuadés d'avoir encore des tonnes de choses à y faire. Ça tangue un peu dans leur tête. Quoi qu'il en soit, il y a Alven et sa date butoir. Trois ans devant nous. Le rétroplanning est enclenché.

Ce qui suit va ressembler à la mise en pratique d'un cours à la European Venture Capital Association (EVCA), l'association européenne de capital-risque basée à Bruxelles, aujourd'hui rebaptisée Invest Europe. Ce n'est pas tout à fait un hasard : Sébastien de Lafond y a donné des cours comme professeur bénévole quand il était associé chez Add Partners. Deux fois par an, il briefait des fonds de Private Equity sur la façon de réussir la vente de leurs participations, leurs « exits », leurs M&A, leurs introductions en Bourse. Parmi les bons préceptes qu'il enseignait aux gérants, il y avait cette notion de toujours garder un *mapping* en tête de qui est susceptible de vous acheter, de s'entraîner à raconter son histoire à ces personnes, de garder le contact avec elles, de tisser des liens affectifs éventuellement. De ne pas attendre le dernier moment pour semer des petits cailloux. Voilà que c'est à lui de s'y coller maintenant avec sa propre entreprise ! Autant dérouler la panoplie *by the book*, en suivant le mode d'emploi.

Madrid, Boston : le *roadshow*

Premiers apéritifs à l'occasion d'un interview donné à *Private Equity Magazine*, titre de référence pour les professionnels du capital-investissement, dans lequel il distille quelques chiffres sur l'activité de Meilleurs Agents, tout en laissant entendre qu'il devrait se passer quelque chose en 2019. Fin 2017, il se rend à une conférence de Private Equity à Cannes et livre de nouveaux chiffres et des indications de croissance sur Meilleurs Agents qu'il ne dévoile pas d'habitude. Il y annonce pour la première fois publiquement qu'en 2019 il se produira une opération majoritaire sur le capital, envoyant ainsi un signal au marché, un an et demi avant l'échéance. En 2018, il effectue une présentation au Property Portal Watch de Madrid, le rendez-vous incontournable des portails immobiliers dans le monde. Devant des acteurs américains, européens, asiatiques dont la plupart n'ont jamais entendu parler du site français, il lâche des informations sur la stratégie, sur la manière dont se fabriquent les estimations de prix, sur le fonctionnement de la plateforme, le principe de rapprocher les vendeurs et les agents immobiliers, la digitalisation de la prospection. Immédiatement après, il est contacté par des portails russes, suisses, anglais, néerlandais, de tout poil, voulant se rapprocher de Meilleurs Agents. Le leader italien Immobiliare, qu'on va retrouver plus tard dans l'une des phases du deal, laisse également sa carte de visite.

Mais cela n'est encore rien par rapport à ce qui va se passer à Boston. Sébastien de Lafond est contacté par son ancien boss, Ben Howe, l'ancien patron de la banque d'affaires Montgomery Securities, une espèce de Napoléon de la finance connue comme le loup blanc dans le monde des start-up aux États-Unis, extraordinairement agressif dans sa gestion des équipes et des affaires, sous la férule duquel il a travaillé pendant deux ans. Ben Howe l'invite à venir plancher dans le Massachusetts : « J'organise une conférence où je mets en relation des start-up un peu pépite, dans des secteurs sexy, qui font au minimum votre taille, avec des fonds américains de premier plan, est-ce que ça t'intéresserait d'y participer ? » Bingo ! bien sûr, et branle-bas de combat chez Meilleurs Agents. Pendant deux mois, avec l'aide d'un excellent Business Analyst stagiaire qu'il embauchera par la suite, Thibault Remy prépare la présentation de sa vie. Tout ce qui concerne le nouveau modèle d'abonnement de Meilleurs Agents, les *metrics* clés, les Key Performance Indicators sont soigneusement répertoriés et triés sur le volet. Toute la littérature qui existe, principalement américaine, est passée au crible : quels sont les éléments clés qui y sont mis en valeur ? Comment cela se calcule-t-il chez nous ? Et du coup, quelles sont nos performances en appliquant de telles règles ? Il en résulte un magnifique tableau de bord où les indicateurs sont quasiment tous au vert. À l'aune de ces chiffres, tout fonctionne bien chez Meilleurs Agents. Ce n'est pas exactement une découverte, mais une sacrée confirmation pour la direction. Triturée et tordue selon la méthode des fonds US, leur entreprise résiste au lavage. Il y a notamment une page de la présentation qui fera un véritable tabac à Boston. Qui scotchera les investisseurs les plus exigeants du monde. Car c'est le gratin qui se trouve là-bas. Il y a des représentants des fonds de *venture capital*, de capital-risque, de *growth equity* parmi les plus huppés de la planète Finance. Plancher devant ces garçons, c'est comme être invité à effectuer quelques jongles sur la scène du Ballon d'or. Il n'y a plus grand monde ensuite qui peut prétendre qu'il ne vous a jamais vu.

À Boston, quand ils se retrouvent en haut d'une tour, en face de l'ancien siège de Montgomery Securities, avec le hall commun 30 étages plus bas et toute la vue sur la baie, Thibault Remy comprend que Sébastien de Lafond a reconnecté avec son ancien monde et que c'est une drôle de force pour la boîte. Une fois que nous sommes revenus à Paris, les *conference calls* avec des Américains et des Britanniques se multiplient. Des financiers débarquent dans la Ville lumière pour visiter les locaux de la société. Le *roadshow* de Boston a servi de tour de chauffe au-delà des espérances. Alors que Meilleurs Agents n'est une entreprise que française et n'a pas de stratégie crédible pour partir à la conquête de l'étranger, les investisseurs internationaux sont bluffés par le modèle… Ils comprennent qu'il s'agit d'une plateforme en mode SaaS *(Software as a Service)*, c'est-à-dire que l'essentiel de ses revenus est récurrent, qu'elle est positionnée sur un gros marché, que ses revenus augmentent de 75 % par an, qu'en plus une bonne partie de l'équipe est bilingue en anglais… Donc un signal très fort pour les Américains. Le management commence à y croire. Même si l'on n'en est encore qu'à tester l'eau. Car le board n'a pas lancé le processus de vente. Ce sera fait à la fin de l'année 2018. Et là se pose la question du choix de la banque d'affaires.

Il faut séduire les fonds *growth*

À ce moment-là, au vu de ces marques d'intérêt, il est à peu près clair que de l'ordre de 70 % du capital va bouger, et pas seulement la part d'Alven. On sait aussi que les investisseurs potentiels sont quasiment tous étrangers et essentiellement anglo-saxons. Et que dans la typologie des fonds concernés, on a quitté le terrain de jeu du *venture capital*, et dépassé le stade où des petites structures instables et excitantes peuvent intéresser des fonds prêts à prendre un risque : Meilleurs Agents est devenu trop gros. Et on n'est pas non plus dans le registre du *Leverage Buy Out* (LBO), celui où des entreprises d'une certaine taille et qui gagnent de l'argent peuvent se racheter par de la dette, celle-ci se remboursant grâce aux bénéfices : Meilleurs Agents est encore trop petit et pas assez profitable. Non, ceux qu'il faut parvenir à appâter, ce sont les fonds de *growth equity*. Une nouvelle race de fonds apparue depuis dix-quinze ans aux États-Unis puis en Angleterre qui regardent des entreprises pratiquement à l'équilibre, mais n'ayant pas encore de gros Ebitda (*earnings before interest depreciation & amortization*, le ratio qui permet d'évaluer la rentabilité). Ces fonds *growth* veulent que le modèle économique de leur cible soit clair et stabilisé, qu'elles dégagent de la croissance, mais pas forcément qu'elles gagnent encore des fortunes. Le portrait craché de Meilleurs Agents. Ils sont pratiquement tous américains ou britanniques, ce qui explique au premier chef l'exclusion de la sélection d'une banque d'affaires française comme Rothschild, qui avait pourtant dansé un peu autour de Meilleurs Agents. Par ici la sortie également pour les grandes banques de type JP Morgan ou BNP Paribas, pas nécessairement les mieux armées auprès de ces investisseurs technologiques et puis trop grosses, ou disons Meilleurs Agents trop petit.

Deux banques d'affaires en finale

Une short list d'établissements est établie avec le concours actif d'Alven, qui viennent pitcher devant le board de Meilleurs Agents. Deux finalistes sont retenus : une, entre guillemets, « grosse boutique » du nom d'Arma Partners, basée à Londres, peuplée par une cinquantaine d'anciens de grandes maisons et notamment par un ex-Goldman Sachs qui sera l'officier traitant de Meilleurs Agents. Et une banque américaine plus importante, basée en Californie mais avec des ramifications mondiales et en particulier un bureau à Londres, spécialisée dans la tech et dans les sociétés de croissance : Jefferies. Les deux établissements font la même valorisation de Meilleurs Agents : entre 150 et 200 millions d'euros. Alven a déjà travaillé avec Jefferies il y a longtemps sur un autre sujet. Guillaume Aubin complète son expérience par des feedbacks plus récents et pousse pour le choix de ce partenaire. Jefferies a été mis en contact avec Meilleurs Agents par l'intermédiaire de Piton, le fonds britannique ayant investi dans le site français. Il s'agit d'une banque qui connaît bien le monde de l'immobilier en ligne pour avoir travaillé sur le rachat d'une part du site d'annonces immobilières SeLoger par le fonds 3i, et de l'introduction en Bourse de RightMove, le portail numéro un anglais. Elle a vendu Idealista, premier site immobilier espagnol, au fonds Apax. Ce qui ne gâte rien, elle a aussi vendu au géant du luxe Richemont le site de vente en ligne de produits de mode Net-a-Porter, créé à Londres par des copains de Sébastien de Lafond. Références et connaissances communes. Ce dernier s'entend très bien avec Dominic Lester, le patron du bureau de Londres de Jefferies, un Brit bourré d'humour et de finesse, le genre d'Anglais qu'on pardonne quand il dit des vacheries sur les Français. Arma Partners n'est pas un concurrent négligeable, seulement l'associé issu de Goldman Sachs, malin, rusé, irréprochable sur le plan technique, s'avère peut-être un poil trop solo, un peu trop perso, pas assez *team player* aux yeux de l'équipe de Meilleurs Agents. Il y a d'un côté un peu une diva, brillante, de l'autre Jefferies, plus lisse, plus institutionnel, beaucoup plus orienté *team work*, avec l'atout de la personnalité de Dominique Lester et le fait qu'il soit épaulé par John Park, le patron du M&A chez Jefferies aux États-Unis, un « tueur » américain, le prototype du *bad guy*. Donc chez Jefferies une équipe plus large, avec la possibilité de composer un duo bon flic-méchant flic toujours précieux dans les phases critiques. Où l'on retrouvera d'ailleurs John Park de mauvais poil un jour de négociation finale avec les Allemands et qui leur rentrera sérieusement dans le lard.

MEILLEURS AGENTS DÉCORTIQUÉ PAR JEFFERIES

Il est intéressant d'avoir le son de cloche de Jefferies sur les raisons qui l'ont poussé à vouloir travailler pour Meilleurs

Agents. Avant même que le site français lui signe un mandat de recherches de capitaux, la banque d'affaires avait classé les arguments positifs et négatifs dans deux colonnes. Côté positif : Meilleurs Agents est un *asset* (actif) très stratégique et unique sur un marché français important ; nous avons entendu beaucoup de bonnes choses sur le management et sur le président en particulier ; nous connaissons quelques-uns des actionnaires ; nous voulons continuer à nous investir dans le secteur immobilier ; et nous sommes bons sur les *competitive auctions* pour faire en sorte que des acheteurs soient en concurrence et que les prix montent. Côté négatif : cette *company* est difficile à valoriser, elle est très petite du point de vue du chiffre d'affaires et elle est juste à l'équilibre ; elle pousse correctement mais sans qu'il y ait rien de comparable ou qu'on trouve une transaction équivalente ; l'autre défi tient à ce que les acteurs du Private Equity n'aiment pas beaucoup que les cofondateurs veuillent vendre une grosse partie de leurs actions. En général, ce n'est pas bon signe pour les investisseurs. Donc il faut faire attention à aller voir les bonnes personnes en tenant compte de cette notion. Et à bâtir un peu de storytelling. Telles étaient les premières impressions de Jefferies. La banque constate aussi avec satisfaction que Meilleurs Agents est connu des investisseurs internationaux, ce qui est la norme des bonnes entreprises, certes, mais qui doit beaucoup à la politique des petits cailloux de communication initiée en 2016.

Par conséquent, quelle va être la stratégie de Jefferies et du management de Meilleurs Agents ? L'idée centrale est de créer une « tension compétitive » autour du projet de deal. C'est-à-dire de faire monter les enchères en considérant toutes les options : acheteur stratégique (industriel de l'immobilier ou de l'Internet) aussi bien qu'acheteur financier. Jefferies se tourne d'abord vers des fonds qui ont déjà réalisé des investissements similaires pour voir s'ils peuvent combiner Meilleurs Agents avec ce qu'ils possèdent déjà. À l'image d'Apax Partners, propriétaire d'Idealista, ou de General Atlantic, qui ne possédait rien de particulier mais qui avait fait plusieurs deals dans cet univers et qui était connu pour être à l'affût. Exemple de raisonnement à esprit d'escalier : on sait que General Atlantic aimerait travailler avec Immobiliare (le leader italien), lequel Immobiliare n'a pas besoin de se vendre et aimerait attaquer le marché français sans avoir assez de capital pour cela et qu'ils pourraient donc collaborer avec un fonds de Private Equity pour attaquer ensemble le marché français avec Meilleurs Agents… La banque donne peu d'indications sur la valeur de la société qu'elle cherche à vendre, qu'elle ramène en interne, dans une approche très conservatrice, à une estimation entre 130 et 150 millions d'euros. Elle prend soin de ne contacter en premier lieu qu'un petit nombre d'investisseurs financiers pour que le processus d'ouverture du capital de Meilleurs Agents ne s'ébruite pas trop vite, en sachant qu'une fois que tout le monde sera au courant et que les grands industriels entreront dans le bal (Axel Springer ou Immobiliare par exemple), les financiers ne voudront plus perdre leur temps à lutter sans grand espoir. Un acheteur industriel paie en général plus cher qu'un financier car il voit des synergies à valoriser. La plupart des financiers se concentre principalement sur les comptes et ramène le prix à l'os pour faire un profit en revendant dans les cinq ans. Si les fonds savent qu'Axel Springer est sur le coup, ils risquent d'être découragés. Or, au début, il importe de garder tous les fers au feu.

AXEL SPRINGER, LE CANDIDAT DE LONGUE DATE

Dans un coin de sa tête, Jefferies n'oublie pas Axel Springer. Il est assez clair pour Dominic Lester et pour Meilleurs Agents qu'Axel Springer a vocation à être l'acheteur stratégique principal. D'abord, parce que Springer possède SeLoger en France et qu'il sait que si quelqu'un d'autre achète Meilleurs Agents, ce serait pour devenir un concurrent direct de SeLoger. Ensuite parce que le groupe de médias allemand a contacté Meilleurs Agents extrêmement tôt, dès 2009 en réalité, pour lui dire qu'ils seraient intéressés par une prise de participation. Beaucoup trop tôt pour Sébastien de Lafond et consorts, qui n'étaient pas du tout vendeurs à ce moment-là, mais suffisant pour se targuer d'un petit avantage psychologique en ayant été les premiers dans la série des grands du secteur qui ont courtisé Meilleurs Agents au fil des années, du Crédit Foncier à Arkéa, de Nexity au Bon Coin. Andreas Wiele et Mark Rustige, les numéros 1 et 2 de la partie *classifieds* (sites d'annonces) d'Axel Springer, sont mêmes revenus à Paris en 2017 pour proposer une nouvelle fois à Meilleurs Agents de les racheter. Lester sait donc qu'Axel Springer serait un acheteur logique, mais il ne démord pas de son idée de « tension compétitive ». Il sait aussi par expérience que neuf fois sur dix c'est l'« acheteur logique » qui l'emporte dans une compétition entre investisseurs parce qu'il est le seul à être prêt à payer un vrai bon prix pour un business. Et que cet acheteur a en général ce qu'on appelle un « coefficient élevé de désespérance » dans la mesure où il est *obligé* de faire la transaction pour telle ou telle raison.

En attendant, ça chauffe du côté de Meilleurs Agents, dans les vastes locaux paysagers du boulevard Haussmann. Il y a le *Confidential Information Memorandum* (CIM) notamment à préparer, un document qui nécessite plusieurs semaines de travail, dans lequel figurent tous les éléments d'appréciation de l'organisation de l'entreprise, de ses produits, de ses clients, de ses chiffres financiers, de ses projets… Également des consultants à mettre au boulot, et non des moindres puisque c'est Bain qui va pondre le rapport stratégique et Alvarez & Marsal les analyses financières à remettre aux potentiels acquéreurs. Énormément de travail pour Thibault Remy et son équipe, sans parler des quelques centaines de milliers d'euros que cela coûte. Et au passage, nouvelle illustration de la politique du « toujours travailler avec les meilleurs » chère à Sébastien de Lafond : un rapport de Bain cela coûte 400 000 euros. Pour Alvarez & Marsal, on est dans les 200 000 euros. Gide n'est pas donné non plus (300 000 euros rien que pour son rôle dans le deal). Jefferies, qui a accepté d'avoir un système de rémunération lui donnant un gros *incentive* sur une valorisation élevée, avec des paliers au-delà de 150 millions d'euros, ce qui faisait qu'il avait un vrai intérêt à vendre à un prix élevé, percevra 4 millions d'euros pour son activité dans la transaction. Tout mis bout à bout, la facture de ces prestataires représentera une addition d'un peu moins de 5 millions d'euros. Mais Bain est une marque de luxe mondiale en matière d'analyse stratégique et Bain engage sa marque quand il valide la taille du marché adressée par Meilleurs Agents, sa position concurrentielle, la valeur perçue de son offre par ses clients, et par là conforte des investisseurs dans leur intérêt d'investir dans l'entreprise. Sans Gide, sans Bain, sans Jefferies, Meilleurs Agents se serait peut-être vendu 50 millions d'euros de moins. Pas sûr, mais peut-être. Pas exclu du tout.

Premières offres décevantes

Lorsqu'on en arrive aux premières offres, Jefferies a fait monter la sauce du côté des financiers et des industriels se sont invités aussi. Quatre d'entre eux ont signé un *Non Disclosure Agreement* (engagement de confidentialité) qui leur a donné le droit de recevoir un CIM légèrement expurgé par rapport à celui destiné aux financiers, mais contenant quand même beaucoup de données. Il s'agit du groupe norvégien Schibsted, propriétaire du Bon Coin, de Zoopla, le site immobilier britannique, par l'intermédiaire de son actionnaire, le fond de Private Equity américain SilverLake, d'Immobiliare et… d'Axel Springer, bien sûr. Deux des industriels font des offres, tout comme trois établissements financiers : Goldman Sachs, Vitruvian et, de manière informelle, General Atlantic Partners, qui ne s'engage pas par écrit mais manifeste son intérêt tout en demandant des aménagements. Sans surprise, les offres des financiers sont basses, entre 100 et 130 millions d'euros. C'est moins que ce que le management attendait. Celle d'Immobiliare est un peu au-dessus, mais sans être mirobolante. Schibsted se dit intéressé mais ne fait pas d'offre. « Reparlons-nous en septembre », proposent-ils, le temps de digérer l'introduction en Bourse de leur pôle d'annonces, le géant Adevinta, et de laisser Le Bon Coin réaliser deux acquisitions mineures au cours de l'été. En septembre, ce sera trop tard… Quant à l'équipe de Silverlake, qui se dit très excitée par le deal, elle ne fait pas d'offre, « le tout nouveau management de Zoopla veut se concentrer à 100 % sur le Royaume-Uni, nous ne pouvons pas avancer sans leur aval ». Plus étonnant, toutes les propositions des financiers tournent autour des mêmes montants. Comme si les investisseurs s'étaient concertés. Si c'étaient des stations-service d'autoroute, on parlerait d'entente sur les prix. Quelques jours plus tard, Vitruvian confirmera son offre à 130 millions d'euros en laissant entendre qu'il subsiste une marge de discussion, que c'est le jeu pour les fonds de ne pas attaquer trop fort. Mais sur le coup, chez Meilleurs Agents l'ambiance est quand même un peu plombée. Fort heureusement, il reste une dernière enveloppe à ouvrir, celle du groupe Axel Springer qui va mettre tout le monde d'accord. À la hausse, bien entendu, puisque c'est « l'acheteur logique », celui qui est prêt à payer une petite fortune parce qu'il lorgne sur Meilleurs Agents pour des motifs stratégiques. Dix jours avant, Sébastien de Lafond a dîné avec Andreas Wiele, dans un contexte d'estime et de confiance réciproque, et celui-ci lui a réitéré qu'Axel Springer voulait investir dans sa société.

Petit hiatus entre Berlin et Paris

Sauf que l'offre de Springer est très en dessous des attentes. Dominic Lester appelle Berlin pour tenter d'arranger les choses. Il essaie de comprendre pourquoi Axel Springer a valorisé Meilleurs Agents dans le bas de la fourchette. Il garde toutefois des raisons d'être optimiste. Jefferies pense que Springer a fait une offre « offensive », donc volontairement un peu modeste, mais que si on lui prouve qu'il y a un autre investisseur réellement intéressé, il remonterait son offre pour des raisons « défensives ». Ensuite, la banque d'affaires n'avait donné aucune indication à Springer sur le montant qu'il convenait de miser pour être dans la course. Et les Allemands, qui n'ont pas fait appel à une banque d'affaires, ont fait valoriser Meilleurs Agents par leur département Fusions et Acquisitions, bien moins persuadé qu'Andreas Wiele du potentiel stratégique de

Meilleurs Agents. Peut-être même que ces financiers, en appliquant des ratios très rigoureux, ont légèrement sous-estimé cette start-up française qui n'a pas vraiment d'équivalent sur le marché, en forte croissance certes, mais à peine rentable. Dans les conversations qui suivent entre Andreas Wiele et Sébastien de Lafond se joue l'avenir du deal. Axel Springer comprend qu'il doit sérieusement remonter son offre.

Dès la semaine suivante, le groupe allemand reprend contact avec Jefferies et met sur la table une proposition de 200 millions d'euros pour la totalité du capital de Meilleurs Agents. Le board de Meilleurs Agents accepte d'entrer dans des négociations exclusives et ouvre une fenêtre de quelques semaines à Springer jusqu'à la fin du mois de juillet. Sébastien de Lafond et Dominic Lester font quelque chose d'assez courtois et d'un peu inhabituel. Ils appellent les trois financiers qui ont fait des offres en leur disant qu'ils vont discuter en exclusivité avec des industriels et en leur recommandant de mettre leurs offres sur pause pendant un moment. Alors qu'une pratique un peu plus « normale » dans ce milieu aurait été de tenter de les faire grimper au cocotier pour obtenir encore plus. Les fonds demandent si quelque chose se trame avec Springer. Meilleurs Agents répond qu'il essaie d'en avoir le cœur net et promet de les tenir au courant. Grâce à ce coup de fil, les fonds cessent de travailler pour rien, de faire mouliner des consultants en pure perte. Vitruvian et les autres ont apprécié.

Tenir la « valo » !

En attendant, on est à peu près le 25 juin 2019 et Thibault Remy sait qu'il va passer un sale quart d'heure. L'équipe de M&A de Springer lui tombe dessus pour faire sa *due diligence*. Ce sont les mêmes qui ont fait la première estimation trop basse et qui ne sont pas forcément tous d'accord pour que Springer paie Meilleurs Agents 200 millions. Comme de bien entendu au cours d'une *due diligence*, ils cherchent la petite bête pour faire baisser l'offre. Pendant un mois, le job de Thibault Remy est de tenir la valorisation. Entre l'offre encore conditionnelle de 200 millions et l'offre ferme qui allait avoir lieu le 29 juillet, il faut que la « valo » ne bouge pas. Période la plus stressante de sa vie professionnelle. Très peu dormi. Moment où il se produit le plus de tension entre Sébastien de Lafond et lui. D'autant que Meilleurs Agents commet une bourde au cours du process. Il laisse partir un document qui n'aurait jamais dû tomber entre les mains des Allemands sans les explications nécessaires. En juin et en juillet 2019, les chiffres de Meilleurs Agents sont un peu en retrait parce que des retards de signatures chez les notaires repoussent la perception des commissions sur les transactions, qui représentent 15 % du chiffre d'affaires du site. Ce n'est qu'un petit décalage de chiffre d'affaires, indépendant de la dynamique commerciale, et qui sera mécaniquement rattrapé d'ici à la fin de l'année. Mais les équipes Finances et M&A d'Axel Springer découvrent ces chiffres sans explication et s'engouffrent aussitôt dans la faille, mettant Thibault Remy – et Andreas Wiele du côté allemand – en position très inconfortable. Il faudra une grosse nuit blanche chez Meilleurs Agents pour concocter une présentation de plusieurs pages expliquant le fin mot de l'histoire et pourquoi tout sera revenu en ordre à la fin de l'exercice 2019. Et une *conference call* au couteau opposant sept ou huit Allemands ayant très envie de faire baisser le prix à trois Français déterminés à ne pas céder, pour essayer d'aplanir le malentendu. Quand on raccroche, trois jours avant la signature prévue du *Share Purchase Agrement*, il n'est pas du tout acquis qu'Axel Springer maintienne son offre. Quelques jours plus tard, il la maintiendra.

Un peu de testostérone pour finir

Un dernier choc oppose les blocs lors d'une journée de négociation chez Gide, à Paris. Journée très dure, qui manque de se terminer par un clash. Le team M&A d'Axel Springer et John Park, le « tueur » américain de Jefferies, se clashent. Certains des Allemands qui jugent la transaction trop chère ou qui pensent que Meilleurs Agents représente un risque stratégique essaient de se protéger par des clauses juridiques, deçà delà, que les négociateurs français ne sont pas prêts à accepter. La dernière partie se joue, de chaque côté à coups d'intox(ication), feignant d'exagérer les difficultés ou de monter en épingle des détails insignifiants par la suite abandonnés. Beaucoup d'ego et de testostérone dans ces échanges presque exclusivement masculins. La tension, du reste, se comprend : il reste 180 points à régler, et si des accords sont progressivement trouvés, les derniers ajustements sont les plus durs, ces fameuses pierres d'achoppement et positions sur lesquelles chacun s'arqueboute. Les participants sont fatigués physiquement. Cela fait huit semaines qu'ils négocient. Ils en ont marre de se voir. Envie de finir. Sébastien de Lafond et le chef de la délégation allemande descendent seuls faire le tour du square Marcel-Pagnol (Gide est situé près de l'église Saint-Augustin) pour discuter sans leurs conseils et se parler. Pierre Karpik, l'associé de Gide qui accompagne Meilleurs Agents depuis 2008, remplace John Park dans les discussions, alors que ce n'est pas son job en principe. Il apporte un brin de douceur et de rondeur. Les interlocuteurs changent, le ton baisse, les difficultés s'estompent une à une. La signature du *Share Purchase Agrement* aura lieu le 27 septembre 2019 dans les locaux de Clifford Chance, l'avocat de l'acheteur, comme c'est l'usage. Deux documents : un pour les gros actionnaires qui représentent 90 % du capital, un pour les petits. Ce sont les gros qui prennent en charge les frais d'avocat et de banque d'affaires et qui garantissent le séquestre, soit 12,5 % de la valeur du deal réservés pendant deux ans pour couvrir un certain nombre de risques et de représentations faites à l'acquéreur pendant la vente. Après ce parcours du combattant jalonné de bassesses et de moments héroïques, de traits de génie comme de quelques impasses, ce qui est exceptionnel, il s'agit d'un deal sans *earn out*, c'est-à-dire payé 100 % cash, sans condition de ce qui se passera demain.

JACKPOT FINAL !

Un des business angels a investi 660 000 euros qui lui en rapportent près de 10 millions au final. Comme il le reconnaît volontiers lui-même, « ce genre de choses n'arrive pas souvent ». Un autre empoche plus de 20 millions d'euros dans la transaction. Les cofondateurs sont dorés sur tranche. Piton remporte environ huit fois sa mise en trois ans. Alven, présent depuis 2009 dans le capital, un peu moins de dix fois sa mise. Pour les investisseurs dans Meilleurs Agents, la messe est dite et bien dite.

« Ce que j'en retiens »,
par Sébastien de Lafond

Les deals se font pour des raisons stratégiques avec une logique financière, commerciale, bien entendu, mais je crois que dans la quasi-totalité des cas, pour arriver à bon port, une opération va reposer sur des relations personnelles très fortes. La relation entre Andreas Wiele et moi a sauvé puis permis ce deal. Il y avait, au-delà d'une vision partagée de l'évolution du marché immobilier, une vraie confiance entre nous. Elle n'est pas née du jour au lendemain. Un matin d'octobre 2018, Andreas est à Paris et m'envoie un SMS pour me dire qu'il peut avoir deux places pour le match amical entre la France et l'Allemagne au Stade de France le soir même. Banco. On se retrouve gare du Nord, on prend le RER, on s'achète des hamburgers à l'extérieur du Stade et on s'installe dans les tribunes. Un match amical entre la France et l'Allemagne, en football, ça n'existe pas. Ça compte toujours. Les Allemands marquent le premier but sur un penalty litigieux. Je me force à applaudir, Andreas n'en rajoute pas. Deuxième mi-temps, Griezmann met une tête réflexe dans la lucarne : un partout. Andreas applaudit, beau joueur. Puis Matuidi se fait sécher dans la surface, penalty indiscutable... Griezmann transforme, la France l'emporte 2-1. Je propose à Andreas de quitter le stade quelques minutes avant la fin du match et de courir deux kilomètres jusqu'à la station de RER pour éviter la foule. Nous rentrons à Paris, chemise trempée, Andreas et moi, comme deux vieux copains d'enfance. On a appris beaucoup l'un sur l'autre pendant cette soirée, bien plus que dans la plupart des meetings business qui ont eu lieu avant ou après. Mais quand ça a chauffé entre nous à des moments clés de la négociation, j'ai toujours gardé à l'esprit que nous traitions avec un grand professionnel, capable d'être dur, mais aussi un vrai gentleman, quelqu'un de bien. Je pense sincèrement que ça a sauvé le rapprochement avec

Axel Springer. Sans ça, il n'y aurait pas eu de suite à leur première offre.

Le trio formé avec Thibault Remy, notre Chief Financial Officer, et Julien Cheyssial, cofondateur de Meilleurs Agents, ne pouvait pas être meilleur pour conduire le deal qui a progressivement pris 90 % de notre bande passante. Thibault maîtrisant parfaitement son sujet sur le plan financier, Julien et moi avons pu nous concentrer sur la partie marketing, celle qui consiste à bien expliquer notre activité, nos forces et surtout notre vision. Et cette période de totale complicité et complémentarité entre Julien et moi, retrouvée comme aux premiers jours de Meilleurs Agents, a été un pur bonheur et aussi une des clés du deal.

Je me souviens aussi du moment où j'ai réalisé ce que signifierait une vente à Axel Springer pour nos collaborateurs. Ils savaient que nous recherchions des investisseurs pour permettre à une majorité de nos actionnaires de vendre leurs actions et pour financer notre développement futur. Mais une vente à un industriel n'était pas ouvertement dans les cartes. Alors j'ai appelé Annick Pasquier, ma bonne fée. Annick est une ancienne danseuse classique, devenue professeur de shiatsu et coach. Elle nous accompagnait depuis de nombreuses années et avait concocté plusieurs week-ends avec le comité de direction pour nous apprendre à mieux gérer notre stress, à respirer, à mieux communiquer nos émotions. « Annick, j'ai très peur d'annoncer le rachat par Axel Springer, j'ai l'impression de les trahir, de les abandonner. □ Écoute, pense à tes enfants, ils ne t'appartiennent pas, tu dois souhaiter qu'ils deviennent autonomes et quittent le foyer. Vouloir les retenir, les garder toujours avec toi, ce n'est pas leur rendre service. C'est pareil pour les collaborateurs de Meilleurs Agents, ils ne t'appartiennent pas non plus. Ils sont grands et autonomes, ils décideront ce qui est bon pour eux. Sois sincère avec eux, comme tu l'as toujours été, ils ne t'en voudront pas. » J'étais libéré d'un poids énorme. Annick avait trouvé les mots justes, je n'avais plus peur d'annoncer le deal à l'ensemble de l'équipe.

On ne peut pas non plus réussir une transaction comme celle-là, qui dure au minimum six à neuf mois entre les premières présentations et le *closing*, sans que l'entreprise continue de performer. Les investisseurs ou acquéreurs potentiels ont vos chiffres et vos projections, et le moindre raté pendant la période de négociation se traduira au mieux par une baisse du prix, au pire par un abandon du projet. Vous voulez d'un côté donner envie avec de belles perspectives de croissance et de l'autre ne pas décevoir avec des résultats qui tombent pendant les discussions. Et là, l'équipe commerciale, emmenée par Olivier Daligault, a fait du super boulot et a délivré les résultats promis. Sans un management au top pour faire tourner la boutique pendant le deal, point de salut.

Sur une note plus personnelle, cette période m'a permis de reconnecter avec de nombreux contacts et « mondes » que j'avais quittés depuis mon retour en France. Mon parcours professionnel, commencé dans la banque d'affaires en Europe et aux États-Unis, puis comme investisseur dans des start-up technologiques à Londres et enfin comme entrepreneur dans l'immobilier en France, n'était pas très « logique » ni vraiment cohérent. Je disais souvent que je n'avais rien compris au film et que je faisais tout à l'envers. En réalité, la préparation et le pilotage de la transaction ont été l'opportunité de faire le lien entre toutes mes expériences professionnelles et de comprendre, rétrospectivement, l'utilité de tout ce que j'avais pu apprendre ces trente dernières années. Le plus savoureux, peut-être, fut de tenter de mettre en pratique le contenu du cours que j'animais autrefois auprès des professionnels européens du capital risque à l'EVCA au sujet de l'optimisation de leurs opérations de vente ou de cotation de leurs participations. Et au final, je ne devrais pas nous donner ce satisfecit, mais je trouve qu'on ne s'en est pas trop mal sorti par rapport au cours... En pensant à la sortie dès les premiers jours, en bâtissant très tôt des relations avec ceux qui pourraient un jour nous racheter si nous n'allions pas en Bourse, en créant la nécessaire tension compétitive à la fin pour obtenir le bon deal.

Enfin, sur la question du prix de vente, il faut que j'ajoute quelque chose d'important. Si j'avais eu dix ans de moins en 2019, je n'aurais jamais souhaité vendre Meilleurs Agents. Nous étions à mi-parcours, et j'étais, avec d'autres, absolument persuadé que notre heure n'était pas encore venue de monétiser notre investissement. La plupart des observateurs n'avaient pas encore perçu la puissance de notre modèle, en quoi il était fondamentalement différent des sites d'annonces immobilières, et comment, avec une exploitation intelligente de notre connaissance inégalée du parc et des futurs vendeurs, la plateforme allait devenir l'articulation centrale du marché immobilier. En cinq ans, voire dix, l'entreprise ne vaudrait pas 200 millions d'euros mais quelques milliards. Andreas Wiele l'a compris avant les autres et a su communiquer sa vision au board d'Axel Springer.

Chapitre 13

Quand l'acquéreur embrasse la vision

Ou quand les fondateurs réalisent que le moment de quitter l'entreprise est proche et que leur stratégie est validée par Axel Springer

Comment dit-on « Meilleurs Agents immobiliers » en allemand ? *(die besten Immobilienagenturen)* Et « développement international » ? *(internationale Entwicklung).* Au-delà du cours de langue très succinct, quels sont les premiers retours sur l'intégration de la start-up française dans le groupe berlinois ? A-t-elle commencé à répondre aux attentes du *Vorstand* (directoire) d'Axel Springer ? Quid de sa culture d'entreprise *(Unternehmenskultur)* et de la vision initiale des cofondateurs *(der urspruenglichen Vision der Firmengruender)* de Meilleurs Agents ? Vont-elles se dissoudre dans les luttes d'influence *(Machtkaempfe um Einfluss)* du conglomérat ? Tour d'horizon *(Ueberblick).*

Le premier marché étranger sur lequel Axel Springer fait plancher Meilleurs Agents est celui de l'Allemagne. Même si des initiatives sont lancées en Belgique et en Israël, l'Allemagne représente le gros morceau avec la France. Axel Springer y possède deux actifs immobiliers en ligne importants, les sites Immowelt et Immonet. Mais, d'abord, une précision : techniquement, Meilleurs Agents est devenu une filiale d'Aviv, elle-même filiale à 100 % du groupe Axel Springer, créée en 2018 et spécialisée dans les petites annonces, notamment immobilières. Aviv pèse un gros tiers du chiffre d'affaires de Springer et la plus grosse partie de son résultat opérationnel. Et désormais, dans ce cadre, il ne faut plus dire Meilleurs Agents mais Aviv Seller Group, qui est le nouveau nom commercial de la marque à l'international. En Allemagne, c'est peu dire que le travail fait par Nicolas Baron, le CTO de Meilleurs Agents, et son équipe Data Science, est allé vite. Toute la couche traitement de la data, cartes des prix, outils d'estimation et d'indices a passé la frontière comme un seul homme. Les cartes des prix allemandes ont été produites en un temps record et ont impressionné jusqu'aux cadres d'Immowelt, au départ ultra sceptiques. Elles ont démontré aux Allemands qu'ils ne s'étaient pas trompés dans leur volonté de capitaliser sur l'avance technologique des Français. Même si cela n'a pas été facile à avaler psychologiquement ni à mettre en place techniquement. Immovelt, un peu pris de court, a eu besoin d'un temps d'adaptation pour intégrer les acquis dans sa plateforme et commercialiser de nouveaux produits. Et lors d'un séminaire à Tel-Aviv, début 2020, réunissant les directeurs produits et directeurs techniques du groupe, certains ont pu avoir les oreilles qui sifflaient tant il était question toutes les deux phrases de Meilleurs Agents. Voilà pour une première démonstration de terrain.

Deux missions avant de partir

Au niveau supérieur, cela n'a pas traîné non plus. Après les quelques semaines de frénésie qui ont suivi le deal du mois de septembre 2019, marquées par des allers-retours à Berlin non-stop, des avalanches d'e-mails, des réunions de plusieurs heures incessantes, au mois de novembre, Sébastien de Lafond s'est éclairci les idées auprès de son ami et consultant en stratégie Olivier Boulard. Il en est ressorti avec une vision claire de ses deux missions principales avant de quitter l'entreprise : assurer sa succession et faire en sorte qu'Axel Springer positionne correctement les Français dans le groupe. Meilleurs Agents est un « animal » différent qui a un côté trublion et une vision du marché immobilier ambitieuse. Sébastien de Lafond a notamment fait une présentation musclée baptisée « *Innovator's Dilemma* » devant le directoire d'Axel Springer sur le thème de la disruption par un disrupteur, rappelant au board qu'il avait acheté une start-up poil-à-gratter et qu'il ne fallait pas la tuer en la muselant.

Le message est passé, d'autant qu'au-dessus d'Axel Springer il y a KKR et que KKR sait lire les rapports. Or un rapport de McKinsey commandé par le fonds américain a souligné que l'approche du marché immobilier par les vendeurs – tout ce qui concerne les *leads* et la mise en relation des vendeurs avec les agents immobiliers – était stratégique. KKR sait aussi regarder ce que pratique la concurrence, or ImmobilienScout, le SeLoger allemand, le grand concurrent des sites de Springer, a lancé une offre d'estimation en ligne et de fourniture de *leads* vendeurs qui a généré 10 millions d'euros de chiffre d'affaires dès son lancement en 2019. Autrement dit, que ce soit par la théorie ou par la pratique, les deux approches confortent le modèle de Meilleurs Agents et les planètes s'alignent pour le site français, qui est désormais perçu comme le moyen d'aller challenger ImmobilienScout sur ses terres. Durant une autre présentation aux patrons-pays, ceux-ci se sont vu signifier qu'Aviv Seller Group prenait désormais la main sur une partie de leurs activités en appliquant les méthodes et la stratégie de Meilleurs Agents… Décision diversement appréciée mais venant d'en haut… Au final, la position de Meilleurs Agents au sein d'Axel Springer est certainement meilleure fin 2020 qu'au début de l'année. Voilà pour le positionnement international.

Quelques frottements avec SeLoger

En ce qui concerne le contexte franco-français, les choses ont été plus compliquées. Et notamment par rapport à SeLoger. Le groupe SeLoger est nettement plus gros que Meilleurs Agents, avec un chiffre d'affaires de l'ordre de 200 millions d'euros – et une centaine de millions d'euros de bénéfices ! – contre une grosse trentaine de millions d'euros de chiffre d'affaires pour le nouveau venu dans l'empire Springer. SeLoger a de l'antériorité puisqu'il a été créé en 1992. Enfin, SeLoger marche depuis quelque temps sur les plates-bandes de Meilleurs Agents en développant des services en ligne d'estimation de prix de l'immobilier. Qui n'ont pas impressionné plus que ça Meilleurs Agents sur le plan de la qualité scientifique, mais qui sont quand même des offres commerciales avec le poids de la marque SeLoger et pour tout dire concurrentes. Une façon de voir les choses est de dire que quand Axel Springer a racheté Meilleurs Agents, SeLoger a peut-être imaginé de bonne foi que Meilleurs Agents allait devenir une de ses *business units*. Ce qui lui enlevait une belle épine du pied puisque, pour rattraper Meilleurs Agents sur le terrain des estimations, SeLoger devait dépenser beaucoup d'argent et qu'à ce titre son président, Bertrand Gstalder, était plutôt promoteur du deal entre Meilleurs Agents et Springer. Si bien que lors des premières réunions de prise de contact, ateliers de travail, groupes de pilotage qui ont confronté les équipes des deux filiales à Paris, les équipes de Meilleurs Agents ont pu avoir l'impression que c'était SeLoger qui les avait rachetés. Une autre façon plus brutale de dire les choses est que SeLoger avait Meilleurs Agents en ligne de mire et voulait l'éliminer, et que ce n'est pas ce qui est en train de se passer. Ces petites guerres de territoire ont généré de l'électricité au début et des maladresses de communication ont pu être commises de part et d'autre. Mais ne serait-ce que par la volonté de la direction d'Axel Springer, l'avenir des deux sites hexagonaux est forcément commun et on peut imaginer – début 2021 ? – la commercialisation d'une première offre commune multimarque. Il y a en tout cas une incroyable complémentarité entre Meilleurs Agents et SeLoger pour aider les agents immobiliers à gagner des parts de marché et pour attaquer des sites de vente entre particuliers comme PAP. Voilà pour une première synergie en France.

Incertitudes et transitions en interne

Si l'on resserre encore le cercle, il faut parler de la situation interne à Meilleurs Agents. Comment les équipes ont-elles vécu le rachat par Springer et quels furent les éventuels dégâts ? Sur le plan des formalités administratives, Meilleurs Agents, avec un chiffre d'affaires inférieur à 50 millions d'euros, est passé sous la barre des obligations de contrôle par les autorités de concurrence, ce qui n'était pas le cas lors du rachat de Logic-Immo par SeLoger qui avait mis plusieurs mois à être validé. En revanche, Meilleurs Agents a dû légalement consulter ses institutions représentatives du personnel (IRP) qui n'ont pas fait opposition au rachat. En interne, il y a eu de l'interrogation et des inquiétudes et à tout le moins de l'attentisme de la part des départements comme Opérations, Marketing ou Produits, directement concernés potentiellement par un rapprochement avec SeLoger, l'ennemi ou un des ennemis jusqu'à présent. Pour toute la partie Data Science qui a été placée tout de suite sur orbite et qui est fortement validée par les débouchés internationaux, les choses ont peut-être été un peu plus faciles. Des intégrations de personnes venues d'Allemagne ou de SeLoger sont en cours au siège de Meilleurs Agents, boulevard Haussmann, mais il n'y aurait pas de « senior » parachuté sur place par Axel Springer pour surveiller.

Il y aurait aussi à dire sur la transition du management puisque les quatre cofondateurs de Meilleurs Agents ont quitté l'entreprise en septembre 2020. On a vu que si Sébastien de Lafond était resté le président, les trois capitaines, Pascal Boulenger, Julien Cheyssial et Jordan Sanial, n'étaient plus membres du Comex ces dernières années. Par une sorte de *gentleman agreement* négocié avec Springer, mais qui n'entraînait pas de conséquences mécaniques sur les sommes qu'ils allaient toucher, les cofondateurs s'étaient engagés à rester un an, ce qu'ils ont fait. Il en a été de même pour les trois top managers de l'entreprise, Thibault Remy, Olivier Daligault et Nicolas Baron. À quoi s'est ajouté un bonus de rétention ou bonus d'intégration qui a concerné au départ une trentaine de cadres supérieurs et hauts potentiels, leur garantissant de toucher une certaine somme s'ils étaient encore présents dans l'entreprise à telle date. Ce mécanisme s'est d'ailleurs élargi à davantage de collaborateurs qu'initialement prévu, dans une sorte de cuisine interne à Meilleurs Agents. Ce qui n'empêche pas que certains managers, associés au deal de façon capitalistique, ont trouvé qu'ils n'avaient pas été assez servis.

Ciao au président-fondateur !

Et puis s'est posée la question de la succession de Sébastien de Lafond. Elle a clairement donné lieu à une joute interne au sein de Meilleurs Agents, avec également un candidat présenté par SeLoger. Axel Springer a d'ailleurs essayé de retenir Sébastien de Lafond en lui proposant de prendre la direction d'Aviv, offre qu'il a élégamment déclinée. Il a passé concrètement les rênes en juin 2020 à Thibault Remy qui a été choisi par l'actionnaire et qui devient président de Falguière Conseil (la SARL qui contrôle Meilleurs Agents) et d'Aviv Seller Group.

Meilleurs Agents a démarré avec quatre types qui ne se connaissaient pas deux mois plus tôt, qui sont devenus des copains et qui se sont créé ensemble une deuxième famille. Il suffit de voir une photo d'eux autour d'une piscine avec le mont Ventoux en arrière-plan pour comprendre. Lors du déjeuner à la Tour d'Argent en septembre 2019, après la signature de la vente chez Clifford Chance, Sébastien de Lafond a fait une tirade de cinq minutes pour remercier Thibault Remy de tout le travail qu'il avait accompli et à la fin coulaient quelques larmes. Les cofondateurs ont obtenu la valorisation patrimoniale de leur travail et sont passés ensuite par toutes les étapes de catharsis, d'hédonisme, de blues post-partum à l'idée que leur bébé allait grandir dans d'autres mains que les leurs, de tout ce qu'on peut imaginer à leur place. Que vont-ils faire maintenant ? Année sabbatique, installation dans l'hémisphère Sud, investissements dans l'immobilier, peu importe. Tout le monde leur a conseillé de profiter et de surtout, surtout prendre leur temps. C'est la fin provisoire d'une aventure humaine. Cela dit, ce sont des créateurs dans l'âme puisqu'ils avaient déjà tous fondé une entreprise avant de se retrouver dans Meilleurs Agents et il n'est pas exclu qu'ils refassent quelque chose ensemble. Factuellement, les équipes qui ont déjà réussi une entreprise et qui en relancent une autre ont beaucoup plus de chances de réussir que les primo-créateurs. Et les capital-risqueurs adorent les équipes qui ont déjà réussi une sortie…

« Ce que j'en retiens »,
par Sébastien de Lafond

Ici on arrive à la fin de l'histoire. Enfin, la fin de l'histoire pour les quatre fondateurs. On avait dit : « On commence ensemble et on finit ensemble. » Pour Julien et Jordan, c'était clair dès la signature du deal en septembre 2019 que, passé leur engagement d'un an, ils sortiraient. Ils avaient besoin de souffler, de se ressourcer, de vivre autre chose. Pour Pascal, qui adore son métier et l'immobilier, c'est, je crois, un peu moins clair, ça dépendrait de nous. Quant à moi, après quelques mois d'interaction avec les équipes du siège à Berlin, les boards internationaux avec nos alter ego européens et israéliens dont le format et le contenu ne me conviennent pas, je sens bien que le moment est venu de passer à la suite. Quelle suite, je ne sais pas encore ou je ne veux pas savoir, mais le temps de Meilleurs Agents arrive à sa fin pour moi et finalement pour nous quatre.

Une fois qu'on a dit ça, on ne quitte pas une entreprise qu'on a bâtie de ses mains, à laquelle on a consacré « un tiers de sa vie » comme dira Jordan lors de l'annonce faite à l'ensemble de la boîte le 26 juin 2020, sans quelques arrière-pensées. En fait, c'est très dur de lâcher son bébé, la matrice qui vous a supporté, donné un rôle, une mission, pendant toutes ces années. Le vide qui nous attend après cette aventure est vertigineux et nous fait peur. Le soir de l'annonce de notre départ à toute l'équipe, réunie et masquée boulevard Haussmann, Pascal, de retour chez lui, chute lourdement dans les escaliers et se déchire les ligaments du genou. Hasard ? Je n'y crois pas une seconde. On s'est tous retrouvés ces derniers mois avec une forme plus ou moins prononcée de déprime, de vague à l'âme, un sentiment de perte. Et d'une certaine manière, il faut accepter d'en passer par là avant de repartir dans une nouvelle direction.

Je dois rapidement évoquer l'épisode compliqué du Covid qui nous a amenés à basculer l'entreprise à 100 % en télétravail dès l'annonce du confinement le 16 mars 2020 et à affronter l'inquiétude de nos clients agents immobiliers dont l'activité allait rester bloquée deux longs mois. Ce fut à nouveau l'occasion de prouver la pertinence de nos solutions de prospection digitale, plus utiles que jamais et de démontrer à notre nouvel actionnaire que nous étions capables de tenir 100 % de nos objectifs commerciaux en pleine tempête. Et ce alors que la plupart des sites d'annonces du groupe, à l'exception d'Immowelt en Allemagne, ont dû consentir des rabais importants à leurs clients et donc revoir leurs budgets à la baisse. C'est le contexte de fond lors de mes discussions avec le nouveau patron d'Aviv à Berlin, Ralf Baumann, remplaçant d'Andreas Wiele qui vient de quitter le groupe. Et c'est donc dans un contexte favorable que Ralf et sa boss, Stephanie Caspar, qui supervise le digital au sein du groupe et qui n'est pas du genre à couper les cheveux en quatre, vont confier à Meilleurs Agents un rôle central et international dans le groupe. Meilleurs Agents, devenant Aviv Seller Group, va piloter toutes les initiatives du groupe sur la modélisation des prix et du marché immobiliers et la monétisation des vendeurs auprès des agences. Et tout le monde est désormais conscient que c'est là que se joue la future croissance du groupe Aviv.

J'ai bien sûr été très flatté et heureux que Matthias Doepfner et son acolyte Ralph Buechi se rendent spécialement à Paris pour me proposer la présidence d'Aviv et un rôle important au sein d'Axel Springer. Tous deux ont mis en avant leur souhait d'avoir un entrepreneur aux commandes d'une division clé du groupe, qui génère 80 % des profits et est à la veille d'une disruption profonde. Ils avaient aussi beaucoup apprécié le niveau d'énergie et la bienveillance ressentie lors de leur visite de nos locaux parisiens… comme quoi certaines graines plantées douze ans plus tôt allaient peut-être survivre à notre départ. Ce fut en réalité un très bon test d'avoir à résister à la force de conviction et au charisme incroyable de Matthias Doepfner, mais ma décision était prise, je le savais au fond de moi.

L'histoire ne serait pas complète sans parler de la relève. On a lu plus haut que Thibault Remy avait été choisi pour me succéder à la présidence de Meilleurs Agents, et donc désormais d'Aviv Seller Group. Je ne pouvais pas espérer un meilleur choix, car Thibault était devenu, au fil de dix ans de collaboration quotidienne, mon véritable bras droit, confident de tous les bons et mauvais moments, totalement aligné avec moi sur les valeurs. Le jour où nous annonçons sa nomination aux membres du comité de direction, une directrice s'exclame : « Thibault, le parfait dauphin, c'est génial ! » Et pour que le tableau soit complet et la fête vraiment réussie, il faut dire qu'Olivier Daligault, hyper complémentaire de Thibault pour gérer les opérations et la partie commerciale et Nicolas Baron, à la tête de la tech et aux idées claires sur beaucoup de sujets, ont décidé de s'engager pour les prochaines années. Voilà la nouvelle dream team. Si on me proposait d'investir dans leur business, je le ferais les yeux fermés, je sais que s'ils restent soudés, ils ne peuvent que réussir.

One last thing… la première fois que j'ai annoncé à ma mère que j'allais me lancer dans un business immobilier, celle-ci m'a répondu : « Ah, non, pas l'immobilier, ça n'est vraiment pas un bon secteur pour toi, tu vas t'abîmer. » Et je lui ai répondu : « Ne t'inquiète pas, on va faire un truc bien. » Ma petite maman chérie est décédée trois semaines après la conférence de presse de lancement de septembre 2008. Elle n'a rien vu de toute notre aventure. Et pourtant, au moment de conclure cet ouvrage, c'est à elle que je pense et à la promesse que je lui ai faite. Nous n'avons pas tout réussi, notre vision d'un marché plus transparent et plus simple pour les particuliers n'est qu'en partie réalisée. Mais nous avons créé une entreprise de dauphins, qui savent que le respect de l'autre, l'entraide, la bienveillance combinée à la quête de l'excellence, permettent de déplacer des montagnes. De donner un vrai sens à son job aussi. Et donc d'être heureux.

Dépôt légal : octobre 2020
Imprimé en Allemagne par BoD